ALEXANDRE PATRICIO
DE ALMEIDA

LIANA FERRAZ

POEMAS
DE AMOR
NO DIVÃ

PAIDÓS

Copyright © Liana Ferraz e Alexandre Patricio de Almeida, 2024
Copyright © Editora Planeta do Brasil, 2024
Todos os direitos reservados.

Preparação: Júlia Braga Tourinho e Valquíria Matiolli
Revisão: Fernanda Guerriero Antunes e Fernanda França
Diagramação e projeto gráfico: Negrito Produção Editorial
Ilustrações de miolo e de capa: Giovanna Poletto
Capa: Renata Vidal

CIP-BRASIL. CATALOGAÇÃO NA PUBLICAÇÃO
ANGÉLICA ILACQUA CRB-8/7057

Ferraz, Liana
   Poemas de amor no divã / Liana Ferraz, Alexandre Patricio. – São Paulo : Planeta do Brasil, 2024.
   224 p.

ISBN 978-85-422-2681-2

1. Poesia brasileira. 2. Psicanálise. I. Título. II. Patricio, Alexandre.

24-1439   CDD B869.1

Índice para catálogo sistemático:
1. Poesia brasileira

Ao escolher este livro, você está apoiando o manejo responsável das florestas do mundo

2024
Todos os direitos desta edição reservados à
EDITORA PLANETA DO BRASIL LTDA.
Rua Bela Cintra, 986, 4º andar – Consolação
São Paulo – SP – 01415-002
www.planetadelivros.com.br
faleconosco@editoraplaneta.com.br

Aos meus pais, por me ensinarem a brincar.

*Ao Filipe, por ser tão presente e
suportar a minha profunda ausência.*

Aos meus avós, que me contam as histórias mais lindas.

*À querida Liana, que topou esta empreitada
um tanto quanto inusitada.*

À Vera, uma amiga que a psicanálise me deu.

*Ao meu querido editor, Felipe Brandão,
pela paciência e generosidade.*

Aos ouvintes do podcast Psicanálise de boteco.

*Aos meus pacientes, que me ajudam a sonhar
as formas destas linhas escritas.*

Aos meus alunos, pelas trocas cotidianas.

*À Elizabeth, sempre presente
(mesmo na ausência indizível do luto).*

[Alexandre Patricio de Almeida]

Dedico estes poemas às minhas avós:
sei que já não se lembram de mim, mas eu me lembro de vocês
(e as celebro), escrevendo sobre a solidão das mulheres.

Agradeço aos meus pais e à minha irmã:
minha casa inesquecível;
Ao Daves, à Lorena e à Nina, meu lugar de descansar;
Ao Alê, meu querido companheiro
de escrita, vinho e angústias cancerianas;
Ao Filipe, que está sempre por perto,
iluminando os caminhos;
Ao Felipe Brandão, por ouvir (e acatar)
as ideias delirantes de uma escritora apaixonada;
À Fernanda Grabauska, pela condução
do primeiro encontro com o Alê;
À Ana Suy e ao Alexandre Coimbra Amaral,
pelos abraços-palavras-carinhos;
À Malu e ao Vitor, pela escuta e sensibilidade;
Aos meus leitores, que são, afinal de contas,
o sentido de tudo.

[Liana Ferraz]

De onde o artista obtém a capacidade de criar não é uma questão da psicologia. Ele busca primeiramente a autoliberação e a transmite, ao comunicar a sua obra, àqueles que sofrem dos mesmos desejos contidos. É certo que ele apresenta como realizadas suas mais pessoais fantasias envolvendo desejos, mas essas se tornam obras de arte, apenas mediante uma transformação que atenue o que houver de chocante nesses desejos, que esconda sua origem pessoal e ofereça aos outros, com observância das regras da beleza, sedutoras prendas de prazer. A psicanálise não tem dificuldade em evidenciar, junto ao componente manifesto da fruição artística, um outro, latente e bem mais eficaz, oriundo das fontes ocultas da liberação instintual. O nexo entre as impressões da infância e vicissitudes da vida do artista, por um lado, e suas obras como reações a esses estímulos, por outro, está entre os mais atraentes objetos da indagação artística.[1]

---

1. FREUD, Sigmund. O interesse da psicanálise. In: _____. *Obras completas*, v. 11. São Paulo: Companhia das Letras, 2012, p. 359. (Obra original publicada em 1913)

Sumário

Prefácio ... 11
Introdução ... 13
   [talvez eu tenha tido um insight] ... 41

PARTE 1. Ela chega ao divã, ferida, recém-separada
   [apresente-se] ... 44
   [fotografia.tatuagem] ... 47
   [conto de nadas] ... 48
   [escorrer] ... 49
   [gramática do amar errado] ... 52
1. *O início do processo analítico: juntando os fragmentos* ... 53

PARTE 2. Ela duvida do próprio desejo, da decisão tomada
   [decisão] ... 74
   [fórmula] ... 77
   [mulher: eis a questão] ... 78
   [dignidade] ... 79
   [cuidado.perigo] ... 82
2. *Sobre desejar e bancar o desejo* ... 83

PARTE 3. Ela está em busca da solidão em paz

[musa]   96
[avesso.inverso]   97
[se eu falasse francês]   99
[amava inventado]   100
[oxigênio]   102
3. *Amor e liberdade: opostos ou complementares?*   103

PARTE 4. Ela percebe a patologia do apaixonamento, busca a cura...

[fantasma]   118
[desexisto]   121
[escolha]   122
[assassino underground]   123
[hospedeira]   124
[humana]   126
4. *Paixão: cura ou adoecimento?*   129

PARTE 5. Ela se apaixona pela primeira vez depois de muito tempo

[beijo desconfiado]   144
[crônica caroço]   146

[confusão] 147
[mentirinha] 149
[eu e minha esperança devastadora.pandora] 150
[artesã do brinquedo mágico] 153
5. *O amor em um estado mais maduro: a beleza da transicionalidade* 155
[não quero falar] 173

PARTE 6. Ela sente o chamado do corpo, a faísca, o impulso e o desejo
[corpo quebrado] 176
[em caso de emergência] 179
[do renascimento do desejo] 180
[ato] 182
6. *A chama da vida e a construção do corpo falado* 183
[epifania!] 200

Algumas palavras finais: sobre o fim de uma análise 203
[Invento relógios para despertar começos] 222

Prefácio

Alexandre Coimbra Amaral
Psicólogo e escritor

Eu tenho muita sorte na vida. Eu tenho amigos que escrevem, e bem. E eu tenho mais sorte ainda porque esses amigos que escrevem muito bem também gostam de conversar entre si. E a maior sorte de todas é: eles, generosos que são, entregam o resultado de seus encontros aqui, neste livro, para nos deleitarmos com a palavra que os une como elemento que alicerça a vida de ambos. Alexandre Patricio é um psicanalista e exímio podcaster, e como professor ele é realmente um acontecimento. Liana Ferraz é uma poetisa e romancista, além de dar aulas de escrita. A boca dos dois enuncia palavras em alto e bom som, mas não quaisquer palavras: são palavras que calam. Eu adoro gente que diz a palavra que não sabíamos que precisávamos escutar. E, por isso, o silêncio que reverencia aquele dito, aquele talismã inesperado no meio do dia.

Um psicanalista é definitivamente um poeta. Ele não se conforma com o sentido que as palavras conseguem ter quando traduzindo o sofrimento de seus analisandos. Ele escuta a nossa fala para apontar outras avenidas por onde poderiam transitar os significados dos fenômenos da vida. E faz isso sempre de maneira poética:

palavras não muitas, numa métrica que quer trazer uma contribuição carregada de algum sentido para quem a recebe. A palavra na boca de um analista é sempre uma invenção.

Uma poetisa é definitivamente uma tradutora do inconsciente. Há ali naqueles versos miúdos um desaforo: revela-nos, desvela-nos, faz com que nos sintamos traduzidos e emocionados com aquilo que foi dito. É como se tivesse sido para nós. É um texto que se direciona para um coletivo de leitores, mas que se aninha no coração singular de quem o lê. A poesia é um refúgio da velocidade insana da pós-modernidade. Ali não há pressa. Ali as mãos que a tecem podem associar livremente com o tempo. Qualquer poesia é escrita em um divã imaginário, que mora no coração que se expressa com a ponta dos dedos. A palavra na boca de uma poetisa é sempre uma invenção.

Este livro é o encontro de dois inventores de palavras poéticas e de inconscientes que se permitem revisitar. Nas páginas seguintes você encontrará um encontro inesperado. Um psicanalista não deveria supostamente sair do seu divã. Uma poetisa supostamente não deveria fazer nada além de rimas e estrofes. Alê e Liana são transgressores por natureza, e decidem fazer a revolução a partir da quebra dos muros estreitos que supostamente os separariam. Você é uma pessoa de muita sorte na vida. Vai começar a ler um livro que vai te ajudar a quebrar muros e ampliar coisas em você que merecem ganhar mundo. Venha se encontrar com eles, de coração aberto! A poesia em você vai suspirar, mesmo se estiver deitada no divã do tempo.

Introdução

Alexandre Patricio de Almeida

Vida, narrativas e histórias: a tessitura da poesia

> Se pelo menos pudéssemos encontrar em nós mesmos, ou entre os nossos próximos, uma atividade de algum modo semelhante à do poeta! A investigação a respeito nos permitiria esperar conseguir uma primeira explicação sobre a criação poética. E realmente existe uma perspectiva a esse respeito: o próprio poeta gosta de reduzir a distância entre o que lhe é singular e a essência humana em geral; ele nos assegura, com frequência, que em cada um existe um poeta escondido e que o último poeta deverá morrer com o último homem.[2]

Posso dizer aos leitores que a minha relação com a poesia tem raiz já nos primórdios da minha origem. Não, os meus pais não são poetas – pelo menos não literalmente. Tampouco os meus avós, que estudaram, no máximo, até a quarta série do "primeiro grau", como

---

[2] FREUD, Sigmund. O poeta e o fantasiar. In: _____. *Obras incompletas de Sigmund Freud: Arte, literatura e os artistas*. Belo Horizonte: Autêntica, 2017, pp. 53-54. (Obra original publicada em 1908)

eles mesmos costumam dizer. Logo, eu não cresci banhado nos versos de Bandeira, Drummond, Lispector, Barros, Pessoa, Moraes ou Meireles. As únicas pessoas formadas na nossa família são a minha tia e a minha mãe – em Psicologia e Pedagogia, respectivamente. No entanto, a sutileza dos poemas sempre esteve presente no meu cotidiano, compondo as tramas da minha história pessoal.

Acontece que a minha mãe cantava para eu dormir. As cantigas mais lindas, com a voz mais delicada e no colo mais aconchegante. Não à toa, costumo dizer aos meus alunos que, quando o pediatra e psicanalista inglês Donald W. Winnicott (1896-1971) escreveu o conceito de "mãe suficientemente boa", ele estava pensando na minha mãe. Ou sou eu que penso nela quando leio essa definição? Pode ser...

Afinal de contas, a psicanálise costuma dizer que "Ouvir canções, quando somos bebês, é cavar espaços de saúde mental. Somos feitos [...] das canções que ouvimos e que precederam as prosas que seguem refazendo as nossas vidas".[3]

A minha avó paterna, por sua vez, era descendente de europeus e gostava de me declarar as mais belas estrofes em alemão enquanto narrava detalhadamente as memórias de uma infância marcada por afetos. A propósito, eu odeio ter de falar dela no tempo verbal *passado*. Detesto admitir que ela não está mais neste mundo. O luto faz isso: nos gera revolta e indignação.

---

3. GUTFREIND, Celso. *A nova infância em análise*. Porto Alegre: Artmed, 2021, pp. 29-30.

O que eu posso fazer se a minha avó nasceu com a vocação para ser avó? Na verdade, ela não conseguia fazer outra coisa. Sinceramente, eu acho que ela mais sabia ser avó do que ser mãe – *coitado do papai*. Ela adorava brincar comigo de todos os jeitos e com todas as coisas. A nossa imaginação não tinha limites, como qualquer imaginação não deveria ter, pois cada criança brinca de maneira própria, e poder fazê-lo é a sua maior conquista quando ela se torna uma pessoa adulta. O excesso de limites empaca a coragem e atrofia o nosso potencial criativo. A minha avó foi a segunda poeta que eu conheci. A primeira foi a minha mãe.

O meu avô materno é pedreiro e migrante nordestino. Chegou a São Paulo muito jovem, fugindo da miséria, da seca e do descaso da maioria dos nossos governantes que se esquecem que no Brasil, ainda hoje, tem muita gente morrendo de fome. Ele aprendeu, com os *mestres* engenheiros e arquitetos, a construir as casas e a erguer os sonhos tijolo por tijolo. Depois montou o seu próprio negócio e trabalhou arduamente por longos anos. Inclusive continua trabalhando. Lembro que um certo dia eu precisei que ele desenhasse a planta baixa de um prédio inteiro e, de imediato, ele o fez, bem na minha frente, usando uma régua profissional, enquanto resolvia uma série de cálculos complexos. "Está pronto. Ficou bom?", perguntou. Eu, chorando, o abracei e aprendi naquele instante que a poesia pode ser, ao mesmo tempo, de *exatas* e de *humanas*.

A minha avó materna é uma cozinheira de mão cheia. Extremamente dedicada aos afazeres domésticos, caprichosa, vaidosa e guerreira. Tem sangue mineiro nas veias e é negra na *pele* e na *alma*. Quando pequena, ela foi abandonada em um orfanato ao lado de seus dois irmãos. Cresceu, conheceu o meu avô e, então, se casaram. Tornou-se mãe muito cedo, cuidando das duas filhas de forma bastante *amadora*, porém legítima. Para não depender exclusivamente da renda do marido, ela começou a fazer faxinas e a vender produtos de porta em porta, juntando dinheiro para bancar os próprios desejos (Lacan, corre aqui!). Esse forte impulso de independência eu herdei da minha avó. Ela adorava inventar histórias para mim, colocando os meus ursinhos de pelúcia como personagens dos enredos. Tudo era improvisado, sem qualquer roteiro prévio – assim como a própria vida. Ela contava, e eu apenas ria. Pedia para repetir, e ela, sem hesitar, repetia. Eu olhava para a minha avó e pensava: *Como ela consegue ser tão inteligente?* Com ela, eu aprendi a narrar.

O meu avô paterno eu não pude conhecer. Ele faleceu de maneira trágica muito antes do meu nascimento, em um acidente de trabalho que deixou o meu pai na UTI por duas semanas e a minha avó, sua esposa, segurando o corpo do marido no colo, enquanto ele dava o último suspiro. A causa: uma explosão acidental de um tubo de oxigênio na oficina que eles tinham nos fundos do quintal de casa, em uma pequena cidade do interior de São Paulo. Um evento da ordem do indizível que marcou a ferro e fogo a memória da nossa família.

Sándor Ferenczi (1873-1933) – um ilustre analista húngaro contemporâneo e discípulo de Sigmund Freud

(1856-1939) –, autor que estudou a fundo as consequências do trauma psíquico, afirmou que a criança ou o jovem que passa por um episódio traumático costuma manifestar todas as emoções de um adulto maduro. "Pensa-se nos frutos que ficam maduros e saborosos depressa demais, quando o bico de um pássaro os fere, e na maturidade apressada de um fruto bichado."[4] Nesse sentido, posso dizer que o meu pai precisou amadurecer *antes do tempo*.

Na época do acidente, ele estava com 16 anos e se tornou, *sem alternativa*, o principal responsável pelo sustento familiar. Não obstante, anos depois escolheu a profissão de caminhoneiro. Talvez para respirar o ar daquela liberdade perdida ou para chorar em paz e silenciosamente pelas perdas que não foram sentidas, pois nunca houve um espaço para isso. A morte do meu avô interrompeu a linha de *continuidade de ser* do meu pai e as consequências desse acontecimento foram catastróficas. Muito embora elaboradas, pouco a pouco, através do amor devotado da minha mãe e da esperança que se acendeu com o nascimento de um filho – no caso, eu.

Apesar de viajar com frequência, o meu pai nunca foi ausente. Pelo contrário: ele nos ligava todos os dias, estava presente na maior parte dos eventos escolares e, além disso, nos meses de janeiro e julho, quando estávamos de férias, ele nos levava para "trabalhar" com ele.

---

4. FERENCZI, Sándor. Confusão de língua entre os adultos e a criança. In: _____. *Obras completas, v. 4*. São Paulo: Martins Fontes, 2011, p. 119. (Obra original publicada em 1933)

Na realidade, isso jamais foi um trabalho para nós; minha mãe e eu apreciávamos cada segundo, cada paisagem e cada parada nos postos de gasolina. Conhecíamos pessoas, culturas e contextos completamente distintos dos nossos. Foi assim que aprendi a lidar com a pluralidade, a reconhecer as diferenças, e gradualmente entendi que a possibilidade de cruzar o país sobre as rodas de um caminhão foi um dos privilégios mais lindos da minha existência.

Outra coisa importante: meus pais nunca se importaram com bens materiais ou status. Nunca compraram um carro zero ou itens da moda, por exemplo. Tínhamos uma vida simples e, igualmente, abarrotada de riquezas – as mais valiosas, diga-se de passagem. A maior preocupação do meu pai sempre esteve relacionada com a *qualidade* dos meus estudos. Chegou a atrasar várias das suas próprias contas para manter a mensalidade da minha escola em dia. Dessa forma, tive a oportunidade de estudar em um colégio particular que oferecia um bom ensino e, sobretudo, fui agraciado com a sorte de encontrar ótimos professores que me inspiraram nos mais variados sentidos.

Como bem nos disse Freud: somos resultado de todas as *identificações* que fazemos no decorrer do nosso percurso. Esses acontecimentos conduziram-me na direção que sigo hoje: a de tentar compreender as vias labirínticas da psique humana. Com efeito, ter estabelecido um contato legítimo com a literatura, com os contos, com a música, com a arte e com a dimensão singular dos eventos que atravessaram a minha história foi crucial para compor a tessitura da trama que envolve o meu *ser* e *fazer* psicanalítico. E também o meu estilo como *escritor*. Caramba! Que prestígio tem esta pequena palavra: "escritor". Quantas dimensões ela carrega em si. E quantos significados repletos de infinitas percepções psíquicas e sensoriais. Sem dúvida, é um termo de peso e de responsabilidade.

Escrever é uma arte. Ser capaz de transformar os nossos conflitos em versos é algo mais artístico ainda. E foi justamente essa sutileza artesanal que me salvou das mazelas da vida. Eu escrevia para dar voz às dores, às angústias e às incertezas. Escrevia em cadernos de rascunho, em folhas avulsas e nas contracapas dos livros didáticos. Escrevia para fugir de uma realidade duramente percebida, repleta de preconceitos, violências e maldade. Escrevia para me esconder do julgamento alheio, da pressão externa e, talvez, de mim mesmo, apreciando a recém-descoberta potencialidade da solidão. Conforme nos ensinou a lendária Marguerite Duras: "A solidão da escrita é uma solidão sem a qual a escrita não acontece, ou então se esfarela, exangue, de tanto buscar o que mais escrever".[5]

Foi nesse "meio de campo" que brotou em mim a semente germinativa das letras. Com o passar do tempo, busquei me especializar, expandindo algumas das competências técnicas necessárias a esse fazer tão complexo. Tornei-me doutor em Psicologia Clínica pela PUC-SP, sob os cuidados e a bênção do professor doutor Alfredo Naffah Neto, um orientador que soube extrair, com maestria, o meu substrato mais humano e a quem sou

---

5. DURAS, Marguerite. *Escrever*. Belo Horizonte: Relicário, 2021, p. 24.

muito grato. Todas as minhas pesquisas científicas foram escritas e publicadas em *primeira pessoa*, e me orgulho muito disso. Nunca fui capaz de escrever um texto imparcial ou longínquo do público leigo. Para mim, um ensaio, seja qual for a sua origem, deve ser *compreendido* por todos que o desejam ler.

Acredito que essas mesmas considerações podem ser aplicadas à minha formação psicanalítica: não consigo cultivar a concepção de uma psicanálise carente de poesias e de relatos.

Portanto, o objetivo dessa breve descrição pessoal não foi o de simplesmente expor recortes da minha autobiografia por meras razões narcísicas, mas o de revelar aos leitores que *fazemos* exatamente o que *somos*. Em vista disso, Winnicott nos dirá que não existe o *fazer* antes do *ser*. Nas palavras do autor inglês:

> Para ser criativa, uma pessoa tem que existir, e ter um sentimento de existência, não na forma de uma percepção consciente, e sim como uma posição básica a partir da qual operar. Em consequência, *a criatividade é o fazer que, gerado com base no ser, indica que aquele que é, está vivo*. Pode ser que o impulso esteja em repouso; contudo, quando a palavra "fazer" pode ser usada com propriedade, já existe criatividade.[6]

Ora, o que notamos nos dias de hoje é justamente o oposto da tese winnicottiana. As pessoas estão cada vez mais voltadas ao *fazer*, à produtividade e ao consumo.

---

6. WINNICOTT, Donald W. Vivendo criativamente. In: _____. *Tudo começa em casa*. São Paulo: Ubu, 2021, p. 43, grifos meus. (Obra original publicada em 1966)

Sem mencionar o impacto das métricas quantitativas: seguidores, curtidas, visualizações e compartilhamentos acabaram se tornando sinônimos de competência e parâmetros de qualidade. Nessa perspectiva, nos afastamos da nossa subjetividade, das nossas origens e, por conseguinte, nos perdemos do nosso potencial criativo – da nossa *espontaneidade*.

Esse mesmo fenômeno também pode ser observado nos rumos da psicanálise contemporânea. Uma disciplina que nasceu como subversiva, desafiando os modelos predominantes e normativos, tem se mostrado cada vez mais quadrada e enfadonha. A originalidade freudiana se dissolveu no caldo da repetição erudita. A teoria que, supostamente, deveria ser utilizada como um *norte* ocupa um lugar de *desígnio*, encerrando-se em argumentações vazias que beiram uma alienação arrogante.

Não se trata de afrouxar o rigor nos estudos e de abandonar os clássicos, mas de renunciar aos ideais; isto é, "dar a cara a tapa", como fizeram os próprios autores tradicionais ao enfrentar críticas e até mesmo um certo isolamento por parte da comunidade científica.

A escrita psicanalítica necessita de *vida*, de algo que a convoque e a desperte. Um texto desse segmento precisa *dialogar* com o leitor e impulsionar reflexões, engendrando uma mistura de simpatias e incômodos. Por isso, a poesia assume um lugar tão expressivo na nossa ciência. Desprezá-la seria a mesma coisa que se blindar perante os afetos (nossos e dos outros).

A experiência de arte e, mais especificamente, a *experiência poética* se desenvolvem no próprio elemento da palavra, aproximando-se do significado estético que ultrapassa os entraves da racionalidade. Assim, um poema, a meu ver, não pode ser interpretado. Ele é tudo e nada ao mesmo tempo. Os versos que se agrupam de forma mais ou menos organizada apenas nos tocam; às vezes como uma brisa de verão e às vezes como uma tormenta tempestuosa.

Aqui, eu gostaria de retomar Winnicott. Em um dos seus ensaios mais belos, ele ressalta: "Em qualquer tipo de artista podemos detectar, acho eu, um dilema inerente, o da coexistência de duas tendências: a necessidade urgente de se *comunicar* e a necessidade ainda mais urgente de *não ser decifrado*".[7] Nesse enquadre, a comunicação poética ocupa um espaço privilegiado. As mensagens dos poetas, tão sublimes, erguem-se diante de nós como um enigma. Elas representam um apelo, ou bem mais do que isso: nos intimam a *ser*. Recorrendo à genialidade de Duras, lemos:

> É o desconhecido de si mesmo, da sua cabeça, do seu corpo. Escrever não é nem mesmo uma reflexão, é um tipo de aptidão que temos ao lado da nossa personalidade, paralelamente a ela, uma outra pessoa que aparece e que avança, invisível, dotada de pensamento, de raiva, e que, algumas vezes, coloca si mesma em risco de vida. Se soubéssemos alguma coisa daquilo que vamos escrever antes

---

7. WINNICOTT, Donald W. Comunicação e falta de comunicação levando ao estudo de certos opostos. In: _____. *Processos de amadurecimento e ambiente facilitador: estudos sobre a teoria do desenvolvimento emocional*. São Paulo: Ubu, 2022, p. 237, grifos meus. (Obra original publicada em 1963)

de fazê-lo, antes de escrever, nunca escreveríamos. Não valeria a pena.[8]

Talvez agora possamos assimilar o que Freud quis dizer no recorte do ensaio que escolhi para abrir esta introdução, quando menciona "que em cada um existe um poeta escondido e que o último poeta deverá morrer com o último homem". Ampliando a potência da sua expressão, eu digo: o último psicanalista morrerá com o último poeta. O devir humano está lançado nas estrofes; cabe a nós, portanto, apreciá-las sem restrições. Eis aí a intenção desta obra.

Psicanálise e poesia: uma relação simbiótica

> a questão sobre escrever é que
> não sei se vou acabar me curando
> ou me destruindo[9]

Não é novidade alguma dizer que Sigmund Freud foi um dos maiores escritores da história da humanidade, apesar de ele próprio ter tido uma relação bastante *ambivalente* com a escrita. Explico melhor: o criador da psicanálise desejava consolidar a sua disciplina ao lado das outras ciências de inclinação mais positivista – especialmente biologia, física e química. Logo, não foi por mera

---

8. DURAS, Marguerite. *Escrever*. Belo Horizonte: Relicário, 2021, p. 64.
9. KAUR, Rupi. *Outros jeitos de usar a boca*. São Paulo: Planeta, 2017, p. 148.

coincidência que ele se esforçou para estabelecer as bases de um *aparelho psíquico* regido por forças quantitativas e dinâmicas. Reconhecendo os limites da sua própria ambição e a evidência dessa impossibilidade, ele mesmo afirmou, em um dos seus artigos destinados ao estudo e à descrição da *metapsicologia* – isto é, a psicologia mais profunda –, a seguinte expressão:

> Não é raro ouvirmos a exigência de que uma ciência deve ser edificada sobre conceitos fundamentais claros e bem definidos. Na realidade, nenhuma ciência começa com tais definições, nem mesmo as mais exatas. O verdadeiro início da atividade científica está na descrição dos fenômenos, que depois são agrupados, ordenados e relacionados entre si.[10]

Assim, com o passar dos anos, o próprio Freud desistiu desse projeto de *quantificar* o inconsciente, atirando-se de uma vez por todas no *domínio das letras*. Ora, é sempre bom lembrar que a teoria freudiana nasce por meio dos *relatos* clínicos, criados mediante *histórias* de pacientes que sofriam em virtude das imposições morais daquela época. Sua tese sobre a sexualidade infantil também se origina dessas *narrativas*. O mestre de Viena buscou, nos textos de literatura clássica, o critério de universalidade de que as suas formulações necessitavam para serem aceitas por seus interlocutores; basta analisarmos a noção de

---

10. FREUD, Sigmund. Os instintos e seus destinos. In: _____. *Obras completas, v. 12*. São Paulo: Companhia das Letras, 2010, p. 52. (Obra original publicada em 1915)

"narcisismo", baseada no mito de Narciso, e a de "complexo de Édipo", desenvolvida a partir da tragédia de Sófocles. Essa lista ainda se estende, alcançando nomes como Shakespeare, Dostoiévski e Goethe, para mencionar somente os principais.

Portanto, a fundamentação das hipóteses psicanalíticas, de acordo com as requisições de cientificidade da época – em oposição ao misticismo e à religião –, foi encontrada por Freud na riqueza infinita do mundo literário. Contudo, o reconhecimento como um grande escritor não era suficiente para ele: queria ser prestigiado como cientista. Em uma carta que enviou a Ernest Jones, confessou: "Eis a forma mais refinada e mais amável da resistência, considerar-me um grande artista a fim de *prejudicar a validade* de nossas pretensões científicas".[11]

Ressentido com essa circunstância, Freud finalizou a sua obra defendendo a posição de que a psicanálise deveria ser vista como uma *ciência natural*. Para isso, ele apresentou uma série de termos *descritivos* que correspondiam à parte empírica de suas pesquisas, a saber, um conjunto de teorias provenientes do seu trabalho clínico. Vejamos:

> Pode-se dizer, então, que a teoria psicanalítica é uma tentativa de tornar inteligíveis duas coisas notáveis e inesperadas que sucedem quando tentamos relacionar os sintomas de um neurótico a suas fontes no passado: a *transferência* e a

---

11. JONES, Ernest. *Vida e obra de Sigmund Freud*. Rio de Janeiro: Zahar, 1979, p. 587, grifos meus. (Obra original publicada em 1961)

resistência. Toda corrente de investigação que reconheça esses dois fatos e os veja como ponto de partida de seu trabalho pode se denominar psicanálise, mesmo quando chegue a resultados diferentes dos meus. Mas quem abordar outros lados do problema, não considerando esses dois pressupostos, dificilmente escapará da acusação de charlatanismo, se insistir em denominar-se psicanalista.[12]

Em síntese: a "transferência" é a reedição dos afetos primitivos e dos conflitos da infância dirigidos à figura do analista, e a "resistência" é o mecanismo de defesa que impede o conteúdo inconsciente recalcado de se tornar consciente. Bom, até aí tudo bem, pois esses conceitos descritivos podem ser, de fato, nitidamente observados nas sessões psicanalíticas, mas, mesmo assim, correspondem a uma narrativa *ficcional*. Diante disso, não acredito que o recurso à literatura, por parte de Freud, configure um método meramente ilustrativo. Em sua fundamentação teórico-conceitual e, sobretudo, no terreno da clínica, a nossa ciência pode ser caracterizada pela *predominância da palavra* – seja ela dita, escrita, cantada, gestual ou imagética. Com efeito, a *dimensão poética*, como a espinha dorsal do seu pensamento, assume um lugar *fundamental* que, gradualmente, passa a ser reconhecido pelo nosso autor:

---

[12]. FREUD, Sigmund. Contribuição à história do movimento psicanalítico. In: _____. *Obras completas, v. 11*. São Paulo: Companhia das Letras, 2012, p. 258, grifos meus. Nas últimas linhas desse fragmento, realizei uma pequena mudança na tradução direta do alemão para facilitar a compreensão dos leitores. (Obra original publicada em 1914)

Mas os escritores [*Dichter*] são aliados valiosos [do psicanalista] e seu testemunho deve ser altamente considerado, pois sabem numerosas coisas do céu e da terra, com as quais nem sonha a nossa filosofia. No conhecimento da alma eles se acham muito à frente de nós, homens cotidianos, pois recorrem a fontes que ainda não tornamos acessíveis à ciência.[13]

Aqui cabe um aviso aos nossos leitores: há certa dificuldade na tradução do vocábulo alemão *Dichter* para o português. Poderíamos traduzi-lo por "poeta", pensando no sentido mais amplo que essa expressão já teve na nossa língua. Porém, "não se trata somente daquele que escreve poesia, mas sim do escritor literário ou escritor ficcional".[14]

Partindo dessa consideração, é possível realmente pensar que Freud valoriza o saber dos poetas/escritores, mencionando, inclusive, que eles conhecem muito mais sobre as *dores da alma*, quando comparados aos cientistas e aos médicos de seu tempo – eu diria ainda aos de hoje. Portanto, a poesia é um dos traços que marca o *estilo* da obra freudiana, tendo o auxiliado diretamente na investigação das *causas* do sofrimento emocional.

Por meio desse recurso tão expressivo, Freud desenhou, através das linhas de sua escrita, uma nova cartografia do psiquismo humano. Afinal, não há representação

---

13. FREUD, Sigmund. O delírio e os sonhos na *Gradiva*. In: _____. *Obras completas, v. 8*. São Paulo: Companhia das Letras, 2015, p. 16. (Obra original publicada em 1907)
14. TAVARES, Pedro H. Duas cartas de Sigmund Freud a Arthur Schnitzler: tradução e comentários. *Revista Artefilosofia*, n. 23, pp. 3-7, 2017. Disponível em: https://periodicos.ufop.br/raf/article/view/1151/1052.

mais bela e sutil do que aquela presente em algumas estrofes que, de forma direta ou indireta, simbolizam a profundidade das nossas angústias. Neste ponto, recorro ao material produzido pela minha companheira de empreitada:

> lá onde as palavras não alcançam
> mora uma multidão de pedaços meus[15]

E complemento com mais um:

> a mesma teimosia que me faz ficar batendo
> a cabeça na parede
> me faz encontrar porta onde parecia só existir parede.[16]

Os versos de Liana sintetizam o nosso mundo interno, a turbulência de sentimentos e, por conseguinte, as crises existenciais. Para percebermos tudo isso, não precisamos interpretar, basta que sejamos capazes de *sentir*. Por essas e outras razões, um psicanalista que desvaloriza a poesia não merece o nosso reconhecimento – e não, não estou sendo radical. A propósito, foi o criador da psicanálise quem nos alertou sobre esse aspecto, em um dos seus ensaios mais relevantes que se destina, exclusivamente, ao tema da nossa formação: *A questão da análise leiga*, escrito em 1926. Cito-o:

---

15. FERRAZ, Liana. *Sede de me beber inteira*. São Paulo: Planeta, 2022, p. 38.
16. Idem, p. 23.

> A formação analítica, é verdade, tem uma intersecção com o círculo médico da preparação médica, mas não o inclui e não é incluída por ele. [...] Por outro lado, a instrução analítica também englobaria disciplinas distantes do médico e com as quais eles dificilmente se defrontam em sua atividade: História da Cultura, Mitologia, Psicologia da Religião e *Ciência da Literatura*. Sem uma boa orientação nessas áreas, o analista se verá diante de uma boa parte de seu material com *uma postura de incompreensão*.[17]

Este artigo, construído na forma de diálogo com um *interlocutor imaginário*, constitui um dos mais importantes escritos técnicos freudianos, após a veiculação de suas ideias sobre a pulsão de morte – apresentada ao público em 1920, no clássico *Além do princípio de prazer*.[18] Trata-se, pois, de um *texto vivo* que deixa transparecer as emoções do seu escritor e o seu notório esforço para explicar os alicerces de uma nova disciplina ao contexto político e acadêmico de sua época. Curiosamente, é nessa mesma publicação de 1926 que Freud inventa um "personagem" para "conversar" com ele por intermédio de um jogo de perguntas e respostas. Nada mais literário do que isso, não é mesmo? Talvez

---

17. FREUD, Sigmund. A questão da análise leiga. Conversa com uma pessoa imparcial. In: _____. *Obras incompletas de Sigmund Freud: Fundamentos da clínica psicanalítica*. Belo Horizonte: Autêntica, 2021, p. 284, grifos meus. (Obra original publicada em 1926)
18. Nessa publicação colossal, Freud define que o psiquismo humano está em constante conflito desde a nossa origem. Trata-se de um duelo épico entre a *pulsão de vida* e a *pulsão de morte*. A primeira busca a ligação, a formação dos laços, e é representada por Eros (o deus grego do amor e da paixão). A segunda, de modo oposto, almeja o desligamento, o estado zero de tensão, e pode ser atrelada à figura de Tânatos (a personificação da morte na mitologia grega).

por esse motivo a leitura desse ensaio seja tão prazerosa – eu, inclusive, a recomendo vivamente.

Já afirmei um milhão de vezes e em diversos outros lugares[19] que um psicanalista que só estuda psicanálise e se recusa a ler outras coisas acaba *emburrecendo*. Mais do que isso: permanece com a sua capacidade simbólica *empobrecida*, conservando dispositivos miseráveis de escuta e de intervenção. Recordemos, pois, que a biblioteca freudiana era composta de cerca de *dois mil títulos*, pertencentes aos mais diversos gêneros: desde ciências da natureza e do espírito, abrangendo o amplo terreno da filosofia, da medicina, da história, das biografias, das mitologias e, por último, mas não menos importante, da literatura de ficção, tanto de língua alemã quanto de idiomas estrangeiros.

Freud, muito provavelmente, se manteve próximo dos artistas, por acreditar que eles funcionam como *faróis*, iluminando os percalços das nossas travessias existenciais. Isto é: os *perrengues* da vida cotidiana. Por exemplo, no famoso trabalho *O mal-estar na civilização*, de 1930, podemos ler: "As gratificações substitutivas, tal como a arte as oferece, são ilusões face à realidade, *nem por isso menos eficazes psiquicamente*, graças ao papel que tem a fantasia na vida mental".[20] O pai da psicanálise "morde e assopra"; ora arriscando *descrever* os fenômenos psíquicos que pertencem à criação artística,

---

19. ALMEIDA, Alexandre P. *Psicanálise de boteco: o inconsciente na vida cotidiana*. São Paulo: Paidós, 2022.
20. FREUD, Sigmund. O mal-estar na civilização. In: _____. *Obras completas, v. 18*. São Paulo: Companhia das Letras, 2010, p. 29, grifos meus. (Obra original publicada em 1930)

ora *apreciando* a estética da fascinação que a arte desempenha sobre nós – uma atitude um tanto quanto ambivalente, convenhamos.

O mesmo pode ser dito sobre a sua relação pessoal com a escrita. O nosso autor admirava muito Arthur Schnitzler (1862-1931), um colega médico que abandonou a clínica para se dedicar à literatura.[21] Por alguma razão inexplicável, Freud sentia-se fortemente atraído por seu trabalho, demorando algum tempo para reconhecer o valor de Arthur como escritor e a influência que esse "amigo" exercia sobre ele. Schnitzler era médico em Viena e tinha realizado uma trajetória acadêmica muito similar à de Freud.

Bom, é justamente aí que as coisas começam a ficar interessantes e, como eu sei que todos amam uma fofoca, resolvi compartilhar alguns detalhes dessa relação, digamos, *peculiar*. Embora o mestre vienense admirasse a ousadia de Arthur, ele sempre evitava encontrá-lo (pasme!). Em uma carta enviada a Schnitzler, em 1922, revelou com muita clareza que via no colega uma espécie de *duplo* de si mesmo. Para entendermos o sentido dessa correspondência, é preciso voltar à análise da primeira mensagem elaborada por Freud, em 1906. Cito-a na íntegra:

---

21. Um movimento que, por sinal, venho percebendo em diversas profissões além da Medicina. Muitos colegas advogados, arquitetos, engenheiros etc. se distanciaram da formação de origem e passaram a se dedicar à produção literária – o que é maravilhoso, diga-se de passagem.

Viena IX, Berggasse 19.[22] 8 de Maio de 1906.

Prezado Senhor Doutor,

Há muitos anos tenho consciência da concordância de longo alcance que existe entre os seus e os meus pontos de vista quanto a algumas questões eróticas e psicológicas e recentemente encontrei a coragem para enaltecê-la de modo expresso (Análise de fragmentos de uma histeria, 1905). Sempre me perguntei, fascinado, de onde o senhor pôde ter obtido este ou aquele conhecimento secreto que adquiri através da minha árdua exploração do objeto e, finalmente, terminei por invejar o poeta a quem, no mais, admiro.

Pois o senhor pode imaginar o quanto me alegraram e honraram as linhas nas quais me diz que também meus escritos geraram no senhor semelhante excitação. Quase me lastimo de precisar ter chegado aos 50 anos de idade para vivenciar algo tão lisonjeiro.

Com devotada admiração, seu,

Dr. Freud.[23]

Pois bem, como podemos notar, Freud expressa abertamente a sua admiração por Schnitzler, mencionando que já havia feito alusão ao trabalho do escritor no seu famoso artigo sobre o "caso Dora", publicado no ensaio *Análise fragmentária de uma histeria*, de 1905. Nesse texto, ao abordar as dificuldades do tratamento psicanalítico, o mestre de Viena afirma que: "Quem deseja

---

22. Endereço residencial e local de trabalho de Freud de 1891 a 1938, antes que ele migrasse para Londres, fugindo dos terrores do nazismo, no penúltimo ano de sua vida.
23. TAVARES, Pedro H. Duas cartas de Sigmund Freud a Arthur Schnitzler: tradução e comentários. *Revista Artefilosofia,* n. 23, pp. 3-7, 2017. Disponível em: https://periodicos.ufop.br/raf/article/view/1151/1052.

curar o doente depara, surpreso, com uma grande resistência, que lhe mostra que a intenção de livrar-se do sofrimento *não* é realmente séria".[24] Dito de outra forma: *a gente adora ficar agarrado ao nosso sintoma!* Entretanto, em uma nota de rodapé, o próprio Freud declara que um poeta/escritor, e também médico, tinha exprimido *muito bem* essa percepção no roteiro de uma peça teatral em versos, de 1899, chamada *Paracelso* – de autoria de Schnitzler.

Depois desse breve parêntese, voltemos, pois, à carta de 1922. Reproduzirei apenas o trecho que nos interessa:

Viena IX, Berggasse 19. 14 de Maio de 1922.

Prezado Senhor Doutor,
[...] Ao longo de todos esses anos, atormentei-me com a pergunta, sobre por que não tentei entrar em contato com o senhor e ter consigo uma conversa (sem levar em consideração, é claro, se o senhor mesmo veria com bons olhos tal aproximação).
A resposta a esta pergunta contém a confissão que me parece demasiado íntima. *Penso que eu evitei por uma espécie de temor ao duplo*. Não que eu tenha a tendência a me identificar facilmente com outras pessoas, ou que queira ignorar a diferença de talento que me separa do senhor, senão que, sempre que me aprofundo em suas belas criações, creio encontrar sob aparência poética as mesmas convicções, interesses e conclusões que reconheço *como meus próprios*.

---

24. FREUD, Sigmund. Análise fragmentária de uma histeria ("O caso Dora"). In: _____. *Obras completas, v. 6.* São Paulo: Companhia das Letras, 2016, p. 220, grifos meus. (Obra original publicada em 1905)

> [...] Obtive assim a impressão de que o senhor sabe por intuição – na verdade, porém, devido a uma acurada autopercepção – aquilo que eu descobri através do diligente trabalho junto a outras pessoas.[25]

Como pode um poeta/escritor saber descrever as enfermidades da alma tão bem quanto alguém que passou a vida estudando as suas origens? Foi essa pergunta que talvez tenha impulsionado Freud, durante toda a sua existência, a flertar com a genialidade do campo literário, tornando-se, ele mesmo, uma referência da literatura – a ponto de receber o estimado prêmio Goethe, em 1930.

Por outro lado, o criador da psicanálise temia se encontrar com Schnitzler, pois esse homem revelava a semelhança de um traço da personalidade de Freud que lhe era alheio e, paradoxalmente, tão íntimo – o seu *duplo*. Trata-se de um "estranho familiar"; causa da resistência evidenciada no texto freudiano. A partir disso, interrogo: seria essa aversão apresentada por alguns analistas ante a poesia fruto de uma identificação com esse traço do caráter de Freud? Ou uma necessidade incessante de inserir a psicanálise no mesmo patamar das ciências naturais e negar o seu potencial literário?

Penso que seja um pouco das duas coisas...

O que importa é que, no final das contas, aprendemos a aceitar que a nossa disciplina *nasceu* das letras, dos versos, da coerência das palavras que se alinham ao

---

25. TAVARES, Pedro H. Duas cartas de Sigmund Freud a Arthur Schnitzler: tradução e comentários. *Revista Artefilosofia*, n. 23, pp. 4-5, 2017. Disponível em: https://periodicos.ufop.br/raf/article/view/1151/1052.

vazio de uma página em branco e, como uma espécie de melodia, se harmonizam aos acordes que integram o compasso dos nossos sentimentos, tão bem decifrados pelas mãos do nosso mestre de Viena.

Portanto, gostando ou não, o fato é que não existe psicanálise sem literatura. Nossas ideias circulam graças ao impacto de um trabalho escrito que, por sua vez, não tem como se manter isento da implicação pessoal do analista, pois algum aspecto de si sempre lhe escapa e reflete no texto como um feixe de luz, que pode resultar em um material mais ou menos iluminado – a depender do grau dessa implicação.

Fatalmente, quando nos tornamos adultos, acabamos por incorporar a lei, os códigos sociais e a moral vigente de forma excessiva e severa. Tais fatores erguem uma espécie de barreira no livre fluxo entre o campo da fantasia e o da realidade. O poeta representa, então, um "guardião" dessa *transicionalidade* – para usar aqui um termo winnicottiano –, nos ensinando como fazer essa passagem do mundo subjetivo para o mundo objetivo, sem a perda da espontaneidade infantil.

No brincar do poeta o valor da imaginação para a vida é reinstaurado. Não obstante, Freud escreve: "O poeta faz algo semelhante à criança que brinca; ele cria um mundo de fantasia que leva a sério, ou seja, um mundo formado por grande mobilização afetiva, na medida em que se distingue da realidade".[26]

---

26. FREUD, Sigmund. O poeta e o fantasiar. In: _____. *Obras incompletas de Sigmund Freud: Arte, literatura e os artistas.* Belo Horizonte: Autêntica, 2017, p. 56. (Obra original publicada em 1908)

Os mesmos termos são ditos por Freud ao debruçar-se sobre a obra de Leonardo da Vinci: "Durante toda a sua vida, o grande Leonardo permaneceu, em muitos aspectos, infantil; pode-se dizer que todos os grandes homens conservam algo de infantil".[27] Quando adulto, Da Vinci continuou brincando e foi muitas vezes considerado *estranho* e *incompreensível* por seus contemporâneos. Além disso, o seu ímpeto lúdico se transformou em desejo pelo saber, pela pesquisa. Leonardo tornou-se um ilustre cientista, com um conhecimento que o distanciava de seus semelhantes.

No seu artigo *Sobre a transitoriedade* (1915), Freud reflete, a partir da conversa com um jovem poeta, que era ninguém menos que Rainer Maria Rilke, sobre o valor das vivências presentes, independentemente do tempo que elas podem durar. Por fim, ele constata: "A limitação na possibilidade da fruição *aumenta a sua preciosidade*".[28] O Rilke que inspirou Freud a pensar sobre o valor das miudezas cotidianas foi também o mesmo que escreveu: "Olhe para dentro de si mesmo. Explore a motivação profunda que o impele a escrever, verifique se no ponto mais profundo de seu coração ela estende suas raízes, confesse para si mesmo se o senhor morreria se o impedissem de escrever".[29]

---

27. FREUD, Sigmund. Uma lembrança de infância de Leonardo da Vinci. In: _____. *Obras incompletas de Sigmund Freud: Arte, literatura e os artistas*. Belo Horizonte: Autêntica, 2017, p. 149. (Obra original publicada em 1910)

28. FREUD, Sigmund. Sobre a transitoriedade. In: _____. *Edição standard brasileira das obras psicológicas completas de Sigmund Freud, v. 14*. Rio de Janeiro: Imago, 1996, p. 317. (Obra original publicada em 1915)

29. RILKE, Rainer M. *Cartas a um jovem poeta*. São Paulo: Planeta, 2022, p. 22.

Esse trecho citado pertence a uma carta enviada a Franz Xaver Kappus, um poeta iniciante que escreveu a Rilke, pedindo conselhos de escrita. Mas suponhamos que essa mesma correspondência pudesse ter sido dirigida a Freud. Sem dúvida alguma, a resposta do nosso autor seria: "Sim, eu morreria se me impedissem de escrever".

Talvez a literatura represente a *sobrevivência* da psicanálise.

Que sorte teve Freud ao conhecer Rilke. Que sorte a nossa pela oportunidade de conviver com artistas do calibre de Liana Ferraz!

(*Liana Ferraz é, neste livro,* **Cecília**)

Escondi-me em Cecília para aparecer inteira. Inventei uma vida, mosaico da minha, meu retrato recortado e colado diferente. Onde eu estaria se não estivesse aqui?
    Essa é uma das minhas perguntas preferidas da vida. *Escrevo para ser outras.*
    Os poemas que está prestes a ler são frutos de uma autobiografia inventada. A minha não escreveria. Não tenho coragem suficiente para operar o bisturi sem anestesia, que é a manobra que se exige de quem se propõe a realizar a própria cirurgia.

    Gosto das *personas* que aparecem para espelhar pedaços meus. Escolhi uma delas.

    Alexandre e eu estamos trabalhando aqui.

O meu trabalho é fingir.

> *O poeta é um fingidor.*
> *Finge tão completamente,*
> *Que chega a fingir que é dor*
> *A dor que deveras sente*

(Fernando Pessoa, "Autopsicografia")

Cecília:

Tenho 32 anos, meu filho completou 4 recentemente. Sinto-me só. Sempre fui só, mas agora estou duplamente só. Sinto a minha solidão e a do meu filho, que, ainda incapaz de carregar as próprias dores, entrega-as em suas mochilas pesadas de vazio. Não conseguiria suportar o peso de mais uma mochila de vazios, por isso precisei me separar. Meu marido é um menino grande. Não tenho vocação para a maternidade e toda a minha energia maternal está voltada para meu filho. Contei que sou escritora? Sou contista. Escrevo e publico contos. Meus livros são um fracasso. Quer dizer, um fracasso perto do que eu gostaria que fossem. Tenho poucas amigas e com elas compartilho somente as tristezas permitidas da mulher contemporânea. Falo pouco de outras coisas como sentir-me totalmente inadequada e desajustada em assuntos sexuais. Tenho impulsos de sexo casual com desdobramentos autodestrutivos: termino sempre adoecida. Ou apaixonada ou abandonando meu corpo à própria sorte. Na minha literatura não tem espaço para meu filho. Me sinto ora culpada, ora feliz por separar as coisas e manter meu pequeno num território menos corrompido pela dor.

Cronologia selvagem:

1. Ela chega ao divã, ferida, recém-separada
2. Ela duvida do próprio desejo, da decisão tomada
3. Ela está em busca da solidão em paz
4. Ela percebe a patologia do apaixonamento, busca a cura...
5. Ela se apaixona pela primeira vez depois de muito tempo
6. Ela sente o chamado do corpo, a faísca, o impulso e o desejo
7. Ela traz à tona suas inseguranças crônicas, quer ser escolhida, custe o que custar
8. Ela encontra a solidão e o medo de ser sozinha
9. Ela não quer falar
10. Ela está reinventando o que sabe de amor
11. Ela tem uma epifania

[talvez eu tenha tido um insight]

é normal não saber se está vivendo de fato ou apenas escrevendo uma autobiografia?

(não queria me explicar, mas vou. eu vivo já na cena, no cenário, no fake. ontem chorei muito depois de não ser atendida numa vontade gostosa. tirei fotos. não enviei para ninguém. não se tratava de compartilhar, não. era um museu em tempo real da dor, de mim, do espaço que ocupei naquele momento. não tenho certeza, mas acho que havia uma música. acho que era dos anos 90. acho que eu nunca ocupei minha pele.)

é normal viver o amor com uma câmera fotográfica no lugar dos olhos?

1

Ela chega ao divã, ferida, recém-separada

[apresente-se]

por onde começo?

hoje disse
quem sou eu em voz alta
numa roda de apresentação ou de
informação compartilhada

quem sou eu fulana com sobrenome ciclano
e nasci assim naquele lugar tal
hoje moro aqui
acordo e faço desse jeito o trabalho que chamo de...

recortei
com tesoura sem pontas
meu retrato
3×4
sem sorriso, que não pode sorrir no documento

comecei de um ponto e puxei a linha do tempo num
    bordado óbvio
esmago a poesia num prontuário
sou assim! vejam!

se fosse começar do começo
eu me encontraria num lugar desconhecido líquido
    quente com voz pastosa de mãe?

ou ainda num céu com crianças vestindo batas
   claras mergulhando num escorregador?

adeus, Deus. nasciiiiiiiiiiiiiiiiiiiiiiii!
cataploft no mundo

onde começo é dúvida fundamental
onde termino a outra ponta da mesma reta
ou outro ponto depois do ponto
o ponto triplicado
era.sou.fui.
a reticência intransponível

você me diz do novelo das histórias
eu me lembro do fio emaranhado dos fones de
   ouvido
mas fico calada para não desanimar você

aí você diz:
vamos do começo.

eu respondo:
qual?
(o desconforto do mistério compartilhado faz com
   que nós dois nos mexamos nas poltronas)

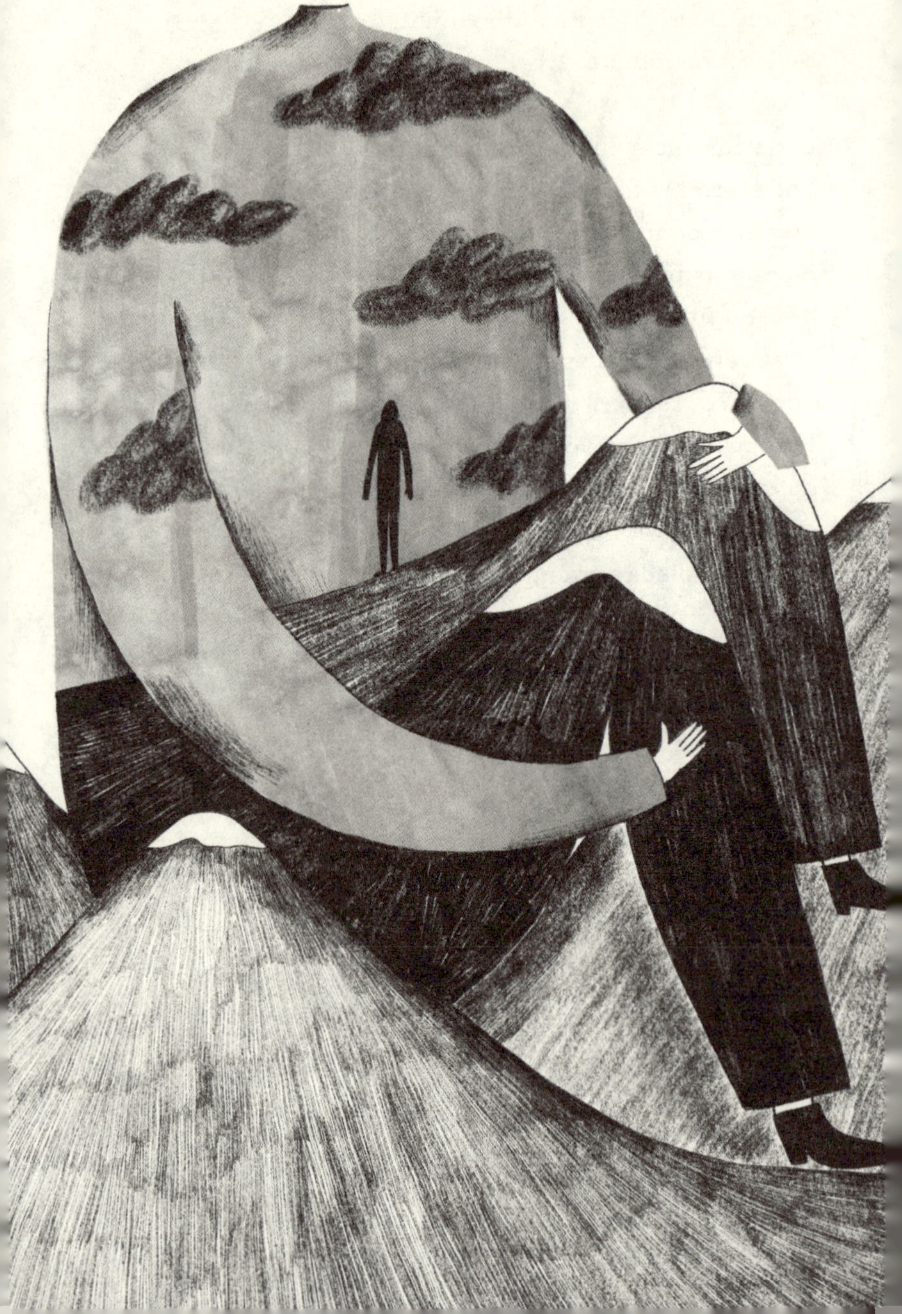

[fotografia.tatuagem]

você me conheceu
frágil
selvagem
e com uma ferida aberta no peito.

[conto de nadas]

Era uma vez
Um cavalo inventado que
De tão inventado
Não comia nem relinchava
E o príncipe que
De tanto inventar cavalo
Só saía mas
Nunca chegava

Era uma vez uma bruxa malvada
Que de tão real
Não me ofendia nem machucava

Era uma vez
Um tanto de histórias que
De tão repetidas
Era uma vez nada

[escorrer]

escrevi ontem uma carta de amor
não para enviar, mas para chorar.

sentei quietinha na beirada da cama e, com as
    costas curvadas, escrevi apoiada num caderno

digo a cena para que me veja:
estúpida,
frágil,
fácil.

uma presa fácil.

por isso, me escondi.

na cartinha que escrevi para chorar, evoquei
mamãe, papai e o cachorrinho que morreu
chamei todos os domingos alinhados em fila de
    saudades

não falei de nós, não falei do nosso amor.
por você não choro.
estou represada
dando eletricidade
choque
fúria
tremor

precisei chamar
ursinho de pelúcia
toalha de crochê
a piscina do clube

desaguar
na saudade que merece ser regada
toda a água presa que você me deixou

chorei

inundada a folhinha e
borrada a tinta da canetinha azul
descobri que a dor tem nascente

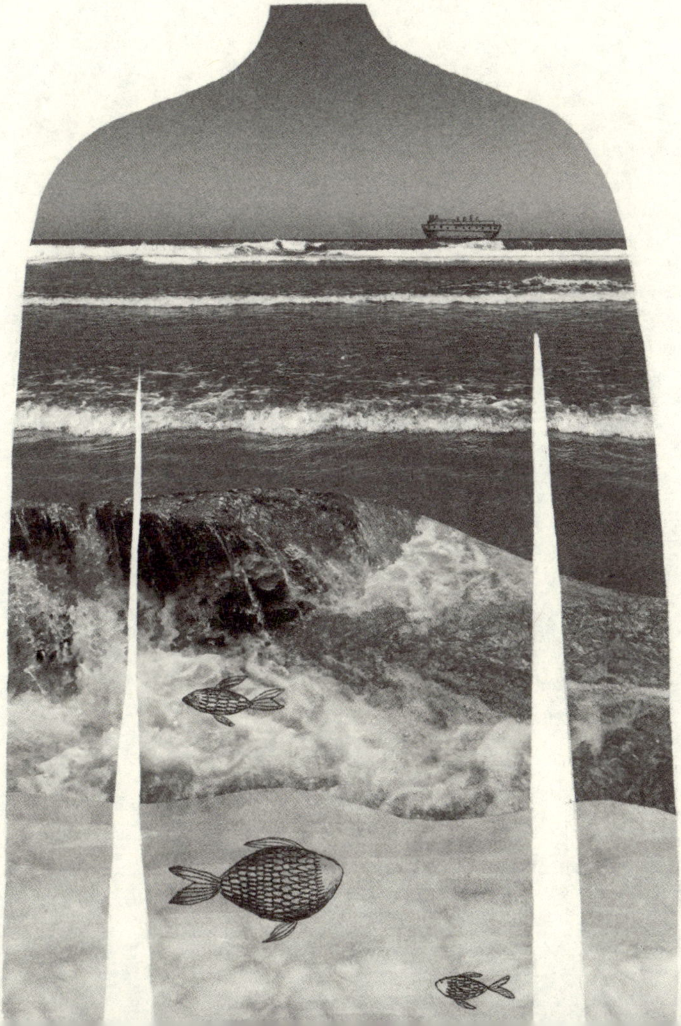

[gramática do amar errado]

Por tentar ser perfeito
Nosso amor virou pretérito

1.
O início do processo analítico:
juntando os fragmentos

Em um ensaio de 1905, chamado *Sobre psicoterapia*, Freud afirma que um psicanalista, em seu método, não pode se valer do uso da sugestão. Não à toa, ele abandonou a técnica da hipnose logo no início de suas experiências; é a "surpresa" da associação livre que deve conduzir o tratamento. Trata-se, pois, da famosa regra fundamental da nossa disciplina: "Fale-me o que vier à cabeça, sem censuras e restrições".

Nessa mesma publicação, Freud cita Leonardo da Vinci e as fórmulas que esse artista criou para pensar o seu próprio trabalho: *per via di porre* e *per via di levare*. A pintura, como propõe Da Vinci, ocorre *per via di porre*; ela coloca traços de tinta onde antes só havia uma tela em branco. A escultura, por sua vez, acontece *per via di levare*, já que retira da pedra bruta o necessário para revelar a estátua nela contida.

Na visão freudiana, portanto, o processo analítico é caracterizado pela remoção ou extração, ao invés da adição ou introdução de elementos novos. Para atingir esse fim, o analista deve se dedicar ao entendimento da origem dos sintomas da doença, visando à sua resolução como objetivo primordial. Acompanhemos o raciocínio de Freud:

> Em todos os casos graves, eu via a sugestão aplicada sobre eles se esfarelar, e então o estar doente ou algo substituto voltava a se instalar. Além disso, o que eu critico nessa técnica é que ela nos encobre a percepção do jogo de forças psíquico, por exemplo, não nos permite conhecer a *resistência* com que os doentes se agarram à sua doença, portanto, com que também são avessos à cura e que, na verdade, é a única a possibilitar a compreensão de seu comportamento na vida.[30]

Como é possível notar nesse trecho, a abordagem proposta por Freud assemelha-se ao trabalho meticuloso e cuidadoso do escultor – *per via di levare*. Esse artista não adiciona material ao bloco inicial, mas pacientemente remove camadas, revelando a forma oculta no interior da pedra. De forma análoga, o psicanalista busca desvelar, através da escuta atenta e da interpretação, as estruturas encobertas que configuram a psique do paciente. A cada sessão, é como se uma camada de pedra fosse removida, aproximando o indivíduo da compreensão de sua verdadeira essência.

Essa metodologia contrasta com práticas mais direcionadas, em que o psicoterapeuta pode tentar implantar ideias ou sugestões. Para Freud, tal prática seria equivalente a um pintor que adiciona cores e formas a uma tela em branco, impondo sua própria visão em vez de revelar o que existe ali. No contexto da psicanálise, isso poderia significar mascarar ou distorcer as verdadeiras questões que precisam ser abordadas.

---

30. FREUD, Sigmund. Sobre psicoterapia. In: _____. *Obras incompletas de Sigmund Freud: Fundamentos da clínica psicanalítica.* Belo Horizonte: Autêntica, 2021, p. 68. (Obra original publicada em 1905)

O conceito freudiano de "resistência" se encaixa perfeitamente nesse modelo. Assim como uma pedra pode oferecer dificuldades ao ofício do escultor, o paciente pode resistir inconscientemente à análise de aspectos dolorosos ou reprimidos de sua psique. Reconhecer essa resistência e trabalhar com ela é crucial no processo psicanalítico. O papel do psicanalista, portanto, não é o de preencher lacunas com conteúdo externo, mas facilitar a descoberta e a compreensão do que já está presente no indivíduo.

Bom, todos nós sabemos que não é nem de longe que as coisas permanecem imutáveis na vida, na ciência e, também, na arte. A busca de novos caminhos implica o surgimento de rupturas, diluindo os saberes adquiridos, as ideias estabelecidas, as correntes artísticas e científicas em vigor. A meu ver, o começo de um tratamento psicanalítico é sempre o período mais delicado e assustador do percurso. Digo isso porque é necessário se "desnudar" diante de um desconhecido, compartilhando – a princípio, com alguma dificuldade – as nossas intimidades, angústias e vulnerabilidades.

Nesse sentido, a resistência inicial do paciente muitas vezes é um reflexo de medos e inseguranças, um mecanismo de defesa contra a exposição de traumas e de conflitos internos. O psicanalista precisa ser habilidoso ao navegar por essas águas turvas, facilitando o processo de "descoberta de si" sem forçar a revelação de pensamentos e a precipitação de afetos "estrangeiros" ao analisando. O objetivo, neste início, não é confrontar, mas permitir que o paciente reconheça os seus próprios sentimentos e conteúdos reprimidos.

No decorrer das sessões, à medida que a confiança se estabelece e as defesas desmoronam, o indivíduo começa a se abrir mais, compartilhando aspectos profundos e dolorosos da sua história. Trata-se de uma conquista gradual, que demanda paciência tanto do analista quanto do analisando. Cada pequena compreensão equivale a uma pedra sendo cuidadosamente retirada, revelando pouco a pouco a escultura interna.

Contudo, surge uma questão crucial: é prudente proceder com firmeza na escultura do "pedaço de mármore" – metaforicamente falando – quando alguém se apresenta em um estado de extrema fragilidade? Existe o risco de que uma abordagem demasiado incisiva possa desintegrar o que resta de uma pessoa já desgastada e fragmentada pelos traumas vividos. Será que tal atitude não poderia agravar a vulnerabilidade do indivíduo, em vez de auxiliá-lo na sua reconstrução emocional e psíquica?

Cecília chega ao meu consultório dizendo:

"você me conheceu
frágil
selvagem
e com uma ferida aberta no peito."

Esses versos evocam a imagem de uma pessoa profundamente ferida; uma alma que, sem dúvida, não suportaria um processo de transformação realizado nos moldes de uma lapidação da matéria bruta. Pois bem, no intuito de ampliar o meu fio argumentativo, pretendo recorrer às contribuições do pediatra e psicanalista inglês D. W.

Winnicott (1896-1971). Em um dos seus artigos mais belos, o autor escreve:

> Gosto de fazer análise e sempre anseio por seu fim. A análise só pela análise para mim não tem sentido. Faço análise porque é isso que o paciente precisa ter feito e concluído. Se o paciente não necessita de análise então faço alguma outra coisa. [...] Sempre me adapto um pouco às expectativas do indivíduo, de início. Seria desumano não fazê-lo. Ainda assim, estou o tempo todo fazendo manobras para chegar a uma análise-padrão.[31]

A linhagem psicanalítica winnicottiana está pautada na *ética do cuidado*,[32] no sentido mais literal que essa expressão quer dizer. Cuidar significa, *grosso modo*, implicar-se. Resgatar o outro de uma realidade ensimesmada, em que só existem sofrimento e repetição. Por essa razão, seria desumano não se adaptar inicialmente às necessidades do paciente. Ora, vamos combinar que aquela postura de analista silencioso, com cara de paisagem, indiferente ao sofrimento alheio, está mais do que *ultrapassada*. "Neutro só o detergente", eu costumo dizer. Afinal, como alguém consegue se manter inerte diante das dores do outro?

É importante destacar a relevância dessa abordagem na psicanálise, especialmente no que tange ao manejo da relação terapêutica. Winnicott enfatiza o valor da

---

31. WINNICOTT, Donald W. Os objetivos do tratamento psicanalítico. In: _____. *Processos de amadurecimento e ambiente facilitador*. São Paulo: Ubu, 2022, pp. 212-213. (Obra original publicada em 1962)
32. Ver ALMEIDA, Alexandre P. *Por uma ética do cuidado: Winnicott para educadores e psicanalistas, v. 2*. São Paulo: Blucher, 2023.

empatia e da conexão genuína entre analista e paciente, contrastando com posturas mais distantes ou rigorosamente imparciais. A ideia central é a de que o analista deve se envolver ativamente no processo de cura, reconhecendo as *necessidades* emocionais do paciente e respondendo a elas.

Para compreendermos adequadamente esse vértice, é crucial diferenciar *necessidade* de *desejo*. Em muitos casos, pessoas fragilizadas, seja por traumas recentes, seja por experiências dolorosas precoces, buscam na psicanálise um refúgio, um lugar de acolhimento. Elas frequentemente chegam ao consultório confusas, desorientadas, às vezes até desesperançadas. Nesse contexto, a presença do analista assume um papel essencial: torna-se um ponto de apoio, um resgate vital da linha de existência que parece ter se desfeito com o advento traumático. O papel do analista é, portanto, o de *reconstruir* essa conexão perdida, oferecendo um lugar seguro no qual o paciente possa reencontrar sua própria trajetória existencial.

Em síntese, a ética do cuidado não se restringe a um mero exercício técnico; ela exige um comprometimento humano com o bem-estar do outro. Com bons motivos, Winnicott escreve na citação anterior: "Sempre me adapto um pouco às expectativas do indivíduo, de início. Seria desumano não fazê-lo".[33] Logo, entendemos que a postura do analista não deve ser a de um observador

---

33. WINNICOTT, Donald W. Os objetivos do tratamento psicanalítico. In: _____. *Processos de amadurecimento e ambiente facilitador*. São Paulo: Ubu, 2022, p. 213. (Obra original publicada em 1962)

passivo, mas de um participante ativo na jornada de cura do paciente. Essa abordagem propõe uma ruptura com a imagem estereotipada do profissional impassível e distante, defendendo a necessidade de uma presença terapêutica mais acolhedora e responsiva.

Não obstante, conduzir uma prática clínica respaldada na interpretação ou no "corte" – como insistem em repetir alguns analistas lacanianos fervorosos –, no período inicial de uma análise, pode representar uma atitude tão violenta quanto o próprio evento traumático. Como vimos, para desejar é necessário contarmos com a existência de um Eu minimamente integrado, capaz de se implicar em *primeira pessoa*.

Nos dias de hoje, frequentemente lidamos com indivíduos emocionalmente abalados em nossas clínicas (e fora delas). Essa fragilidade deriva, entre outros aspectos, de experiências afetivas frustrantes ou de um passado infantil tumultuado e traumático. Vivemos em um contexto marcado pela inveja, pelo rancor e por atitudes destrutivas – fatores que agravam os adoecimentos psíquicos em nossa cultura. Além disso, é imperativo considerar o impacto ambiental, no sentido mais puro do termo: enfrentamos mudanças climáticas significativas causadas por décadas de exploração desenfreada do nosso planeta. Essa realidade, aliada à efemeridade das relações afetivas, resulta em indivíduos despedaçados, cuja integridade do Eu se encontra comprometida, deixando-os imobilizados diante de tal desolação.

Portanto, o paciente puramente neurótico, conforme descrito nos casos clínicos de Freud, não representa mais o "padrão" usual nos contextos terapêuticos contemporâneos. Atualmente, nos deparamos com uma diversidade de desafios clínicos, marcados pela presença de casos substancialmente mais complexos. Predominantemente, atendemos a indivíduos que sofrem de depressão, ansiedade, síndrome do pânico, transtornos de humor e de uma variedade de quadros psicopatológicos que não eram conhecidos ou sequer existiam na época de Freud.

Nesse cenário, tornam-se essenciais para o analista a reinvenção e a busca por novas referências, com o objetivo de desenvolver técnicas capazes de oferecer, mesmo que de maneira mínima, um alívio das adversidades do adoecimento psíquico. Essa abordagem demanda uma escuta atenta e diferenciada, pautada pela sensibilidade e pela empatia.

Parece que a minha "paciente/poeta", que se expressa por meio da escrita, está em busca do amor-próprio, de um lugar no mundo e da sua verdadeira identidade:

"onde começo é dúvida fundamental
onde termino a outra ponta da mesma reta
ou outro ponto depois do ponto
o ponto triplicado
era.sou.fui.
a reticência intransponível"

Essas palavras me remeteram ao discurso de um jovem analisando que atendi há alguns anos. Ele enfrentou uma infância turbulenta, repleta de violências verbais e físicas; cresceu na presença de um pai agressivo e de uma mãe deprimida. Entretanto, teve a sorte de ter sido cuidado pela avó materna, que, infelizmente, acabou falecendo quando ele ainda era adolescente. Essa perda deixou marcas de um luto difícil de elaborar e um vazio impossível de preencher.

De modo geral, costumamos dizer que, em um processo analítico, a nossa tarefa central consiste em apresentar o sujeito para ele mesmo. Mas o que fazer quando não há um sujeito? Como agir nos casos nos quais estamos diante de um Eu totalmente fragilizado que, para existir, precisou juntar os seus fragmentos aos trancos e barrancos?

Para mim, uma análise não serve somente para interpretar as raízes dos conflitos inconscientes, mas também para oferecer *contornos*. Gostaria de explorar os significados dessa expressão: "contornos". Recordo-me de uma cena belíssima do filme *Ghost: do outro lado da vida* (1990), na qual a personagem de Demi Moore molda, na companhia do seu namorado – interpretado por Patrick Swayze –, uma peça de barro bruta, transformando-a em uma obra de arte.

Esse recorte simboliza o que se passa no início da vida, quando um bebê ainda *não tem contornos*, ou seja, encontra-se "esparramado" no mundo, perdido no tempo e no espaço, sem saber quem é ele e quem é o outro. O colo e o manejo das figuras cuidadoras fornecem, então, esse contorno, possibilitando ao recém-nascido uma vivência evanescente que, aos poucos, vai ganhando "estrutura" – como uma obra de arte, seja ela um quadro, seja ela uma escultura. Isso não quer dizer, em hipótese alguma, que a função da psicanálise seria a de "moldar" o sujeito a partir de uma perspectiva normativa, mas sim de ajudá-lo a se situar consigo mesmo, valendo-se de sua própria *espontaneidade*.

Ora, não raramente, o psicanalista ocupa a função desse "objeto originário" – figura cuidadora primária –, fortalecendo um Eu empobrecido que não teve chances de *vir a ser*. Refiro-me a um trabalho extremamente intrincado, que exige o envolvimento *total* de ambas as partes.

Lembro que esse mesmo paciente, citado anteriormente, sonhava repetidas vezes com a imagem de um bebê estranhamente "maduro", que caminhava e falava inglês, embora não tivesse nem 6 meses de idade. "O bebê sentava e conversava comigo perfeitamente", ele dizia.

Esse fenômeno, explorado pelo renomado psicanalista húngaro Sándor Ferenczi (1873-1933), é conhecido como "o sonho do bebê sábio".[34] Ferenczi atendeu indivíduos que enfrentaram traumas intensos no início da vida, levando-os a um amadurecimento precoce marcado por um sofrimento emocional intenso. Essa experiência resulta na formação de uma faceta dissociada da psique, caracterizada por um conhecimento abrangente e constituída pela ausência de sensações emocionais.

A teoria ferencziana demonstra que o trauma molda não apenas os afetos do indivíduo, mas também a sua capacidade de compreensão e percepção do mundo. Em

---

34. FERENCZI, Sándor. O sonho do bebê sábio. In: _____. *Obras completas*, v. 3. São Paulo: Martins Fontes, 2011, pp. 223-224. (Trabalho original publicado em 1923)

casos extremos, esse amadurecimento forçado e precoce pode levar a uma divisão interna, em que uma parte da personalidade retém o conhecimento e a lógica, enquanto outra parte, talvez mais oculta e reprimida, guarda as emoções e as experiências não processadas.

Na prática psicanalítica, identificamos frequentemente indivíduos com uma capacidade intelectual excepcionalmente desenvolvida – o que Winnicott descreve como um intelecto "hipertrofiado". Paradoxalmente, essa agudeza intelectual coexiste com um aspecto emocional traumatizado e fragmentado. Durante o tratamento clínico, a reconstrução cuidadosa da experiência traumática desempenha um papel fundamental. Esse processo ajuda o paciente a diferenciar as influências pessoais das ambientais, aliviando significativamente a carga de culpa ao mitigar os efeitos da agressão que afligiram a psique prematura. Para que essa conquista aconteça, é essencial que o psicanalista assuma o papel de uma "testemunha viva", oferecendo uma presença empática e constante, indispensável ao processo de cura do analisando.

Impossível não mencionar, aqui, a potência contida na expressão poética brilhantemente descrita por Sophia de Mello Breyner Andresen:

No poema ficou o fogo mais secreto
O intenso fogo devorador das coisas
Que esteve sempre muito longe e muito perto.[35]

---

[35]. ANDRESEN, Sophia de M. B. *Coral e outros poemas*. São Paulo: Companhia das Letras, 2018, p. 143.

É necessário que haja, portanto, um espaço para o *testemunho* do trauma – que é sempre da ordem do indizível, como assinala Ferenczi em 1933.[36] É por meio do relato que desenhamos as fronteiras que contornam a experiência traumática. Aliás, poder falar é o melhor remédio para as feridas da alma, contanto que haja alguém disposto a escutar. Para isso, o analista precisa ser cauteloso, sabendo aguardar o tempo do analisando.

Recentemente, rolando o *feed* do meu Instagram, assisti a um vídeo muito interessante que apresentava uma metáfora sobre as relações humanas. A partir de um experimento físico, composto de uma tigela de vidro contendo uma mistura com maisena e água, a narradora nos mostra o quanto é difícil penetrar essa substância devido à densidade oriunda da composição desses elementos. Ou seja, se vamos com muita sede ao pote, os nossos dedos simplesmente não entram, pois encontram uma forte resistência. Entretanto, se tentamos inserir a nossa mão com cautela, o composto vai, aos poucos, cedendo. O mesmo acontece com o par analítico; é preciso sentir a "densidade" do psiquismo dos nossos pacientes. Isto é, muitos indivíduos não estão preparados para serem acessados e se defendem do contato que o analista tenta estabelecer. Nessas ocasiões, suportar o silêncio, mantendo-se presente, pode surtir mais efeitos do que propor interpretações elaboradas.

---

36. FERENCZI, Sándor. Confusão de língua entre os adultos e a criança. In: _____. *Obras completas, v. 4*. São Paulo: Martins Fontes, 2011. (Trabalho original publicado em 1933)

Pois bem, quando refletimos sobre todas essas questões, costumamos considerar o fato de que apenas os eventos ocorridos na infância podem adoecer o nosso psiquismo. Acontece que, ao explorar o impacto das desilusões vivenciadas ao longo da vida, nos deparamos com um deslocamento do sujeito em direção a uma realidade excessivamente objetiva, em que o tangível e o concreto prevalecem. Essa realidade, saturada de pragmatismo, deixa pouco ou nenhum espaço para o reino da fantasia. Nessa dimensão, a subjetividade e as suas incertezas são eclipsadas, abafando a vitalidade dos sonhos e a capacidade de imaginar. A falta de fantasia nos priva da experiência de navegar pelo "faz de conta" – território essencial para o nosso amadurecimento, diga-se de passagem.

Essa realidade objetiva e limitante é especialmente verdadeira no caso do "bebê sábio", uma criança forçada a amadurecer prematuramente, privada dos prazeres e da segurança característicos da infância. A experiência lúdica, essencial para o crescimento emocional e psicológico saudável, torna-se uma estrada não percorrida.

Os versos de Cecília refletem essa perda de inocência e a ausência de imaginação:

"Era uma vez
Um tanto de histórias que
De tão repetidas
Era uma vez nada"

Quando o peso da desilusão toma conta do nosso psiquismo, deixamos de "acreditar em" – *"believe in"*, na expressão winnicottiana. A maioria das pessoas que sofre algum tipo de desilusão precoce ou recorrente simplesmente para de crer na potência das miudezas cotidianas. Nesse sentido, o indivíduo que busca uma análise frequentemente nos procura pedindo ajuda para aliviar essa angústia de esvaziamento – ainda que o pedido apareça na forma de um silêncio ensurdecedor.

Todavia, após alguns dos nossos encontros, Cecília parece ter conquistado a capacidade de se escutar e olhar para dentro. Digo isso, pois no poema seguinte ela escreve:

> "na cartinha que escrevi para chorar, evoquei
> mamãe, papai e o cachorrinho que morreu
> chamei todos os domingos alinhados em fila de
> saudades"

Apesar de a sociedade frequentemente marginalizar a tristeza, é fundamental desenvolver a habilidade de experienciar plenamente esse sentimento. No que tange a esse assunto, o filósofo coreano Byung-Chul Han destaca que: "A sociedade positiva tampouco admite qualquer sentimento negativo. Desse modo, esquecemos como se lida com o sofrimento e a dor, esquecemos como dar-lhes *forma*".[37] Para Nietzsche, a alma humana deve sua profundidade, grandeza e fortaleza precisamente ao *negativo* – por isso, a sua importância para a nossa subjetividade.

---

37. HAN, Byung-Chul. *Sociedade da transparência*. Rio de Janeiro: Vozes, 2017, p. 18, grifos do autor.

O ato de chorar, portanto, é uma conquista significativa, pois indica que o analisando alcançou a habilidade de se reconectar com suas emoções mais íntimas. Esse processo se torna possível apenas dentro de uma relação de confiança com o analista. Nesse ambiente acolhedor, é seguro para o indivíduo *regredir* – isto é, um termo da psicanálise winnicottiana, que se refere ao retorno a fases do desenvolvimento emocional, previamente interrompidas por falhas ambientais.

Cecília, em sua última poesia, apresenta esse estado de regressão de maneira extremamente genuína e delicada. Vejamos:

"precisei chamar
ursinho de pelúcia
toalha de crochê
a piscina do clube

[...]
chorei

inundada a folhinha e
borrada a tinta da canetinha azul
descobri que a dor tem nascente"

Sem querer sobrecarregar os leitores de teoria, acho necessário voltarmos às ideias de Winnicott. Na concepção de desenvolvimento humano, para o pediatra inglês, é essencial reconhecer que a habilidade de um indivíduo de se proteger contra determinadas falhas do ambiente, através da suspensão temporária daquela realidade específica, é um aspecto normal e benéfico. Essa suspensão cria uma *expectativa*, inicialmente inconsciente e que pode evoluir para uma esperança consciente, de que eventualmente surgirá uma chance para reviver e processar essa experiência, em um estado de regressão, dentro de um cenário que ofereça a resposta apropriada. Em suma, essa teoria propõe que a regressão faz parte de um processo terapêutico de cura.

Com efeito, a regressão não é um retrocesso nos instintos – como propôs Freud –, mas um retorno a um estado anterior ao "congelamento" da experiência traumática, em que a adaptação ambiental às necessidades do indivíduo se mostra decisiva. Essa adaptação proporciona a oportunidade de "descongelar" a experiência e processá-la adequadamente. A regressão, nesse caso, representa um retorno aos estados de dependência.

Para que o fenômeno regressivo ocorra, é necessário que o indivíduo tenha alcançado um estágio de organização do ego que lhe permita sustentar um falso self – ainda que precário – que mantenha a *esperança* de encontrar uma oportunidade para corrigir a falha original. Além disso, é essencial que o indivíduo encontre um ambiente novo que ofereça a adaptação e a confiança necessárias para a regressão. De acordo com Winnicott: "O que quero dizer é que é uma coisa se um paciente simplesmente tem um colapso e outra se ele o tem em alguma nova provisão ambiental que oferece um cuidado confiável".[38]

---

38. WINNICOTT, Donald W. O conceito de regressão clínica comparado com o de organização defensiva. In: _____. *Explorações psicanalíticas*. Porto Alegre: Artes Médicas, 1994, p. 154. (Obra original publicada em 1968)

Nesse sentido, a regressão à dependência, quando ocorre em um ambiente adequado, representa uma expressão saudável da personalidade, buscando libertar-se de uma existência baseada no falso self e retomar o desenvolvimento a partir do self autêntico. Isso difere de um colapso psicológico, que pode parecer similar à regressão, mas que, na ausência de um ambiente de apoio, representa um colapso das defesas, e não uma regressão à dependência – provocando um estado de retraimento. Sem um ambiente que sustente o verdadeiro self, não é possível abandonar as defesas que o protegem.

Winnicott enfatiza que a regressão à dependência é um componente vital para o progresso da saúde mental, marcando o início da retomada do desenvolvimento e a integração da personalidade. Esse processo envolve não somente o indivíduo, mas também sua interação dinâmica com o ambiente circundante. Em termos de tratamento, a possibilidade de regressão à dependência depende crucialmente da existência de um ambiente facilitador que seja confiável e capaz de se adaptar às necessidades específicas do analisando regredido. Esse ambiente deve representar a maternagem que ocorre nos estágios iniciais da infância, proporcionando um espaço seguro e acolhedor para o paciente.

O nosso autor também chama a atenção para a distinção entre a regressão e o retraimento durante o tratamento psicanalítico. O retraimento é caracterizado por um tipo de isolamento ou encolhimento, que pode parecer autonomia, mas é na verdade uma forma de autoproteção. Nessa situação, o indivíduo não espera encontrar no ambiente o que precisa, e o estado de retraimento não proporciona alívio ou benefício. Ao contrário da regressão, o retraimento não tem um caráter positivo de esperança da retomada do amadurecimento. Nesses termos, faz parte da tarefa analítica transformar o retraimento em regressão.

A abordagem de Winnicott sobre a regressão à dependência oferece uma perspectiva única e distinta na psicanálise, especialmente quando comparada com a linhagem freudiana. Em Freud, a ênfase está na interpretação dos desejos inconscientes do paciente, com um foco particular na maneira como esses desejos moldam a psique e o comportamento. A técnica freudiana procura trazer à consciência esses desejos reprimidos, permitindo que o paciente os compreenda e os resolva.

Por outro lado, Winnicott se concentra mais nas necessidades do paciente, especialmente aquelas não atendidas durante as fases iniciais do desenvolvimento. Para esse autor, o conceito de desejo pode até ser considerado inadequado em certos contextos terapêuticos, especialmente ao tratar pacientes que não conseguiram se constituir como uma unidade psíquica coesa. Em vez de interpretar desejos inconscientes, Winnicott enfatiza a importância de fornecer um ambiente terapêutico que *recrie* as condições de segurança e de cuidado associadas à primeira infância.

Segundo Winnicott, quando as necessidades do indivíduo não são atendidas, não é a raiva que surge, mas sim a reprodução da situação original de falha que interrompeu o desenvolvimento do self. Esse entendimento aponta para uma técnica analítica focada em satisfazer essas necessidades básicas e recriar o ambiente traumatogênico, possibilitando ao paciente passar pela experiência de dependência necessária para a retomada do desenvolvimento saudável do self.

Portanto, o uso do conceito de regressão difere significativamente entre as abordagens freudiana e winnicottiana. Enquanto Freud se concentra na interpretação do desejo e na resolução de conflitos inconscientes, Winnicott entende a regressão à dependência como um meio de atender às necessidades não satisfeitas e de corrigir as interrupções no desenvolvimento emocional. Isso configura uma mudança basilar no foco de uma psicanálise.

As reflexões de Winnicott trazem uma perspectiva profundamente humanizada para a nossa prática, destacando a importância da criatividade, da autenticidade e da esperança no processo de "vir a ser" e "continuar sendo". Suas ideias ressaltam que a vida, apesar de suas dificuldades e desafios, é uma oportunidade para criar e recriar a própria existência, em vez de simplesmente repetir padrões passados ou histórias predeterminadas.

Essa ênfase na criação e na inovação reflete uma crença fundamental de que cada indivíduo tem a capacidade de transformar a sua história pessoal de maneiras significativas e únicas. Em contraste com a repetição de padrões inconscientes ou a reencenação de traumas passados, Winnicott enfatiza que a vida pode e deve ser uma expressão da própria criatividade e singularidade do indivíduo.

Nas circunstâncias do encontro psicanalítico, esse ponto de vista se traduz em uma trajetória conjunta de descoberta e amadurecimento, na qual terapeuta e paciente trabalham juntos para acender essa "chama de esperança e recomeço". O psicanalista, nesse âmbito, não é apenas um intérprete ou um observador, mas um participante ativo no processo de ajudar o paciente a descobrir e a nutrir as suas próprias capacidades criativas.

Por fim, podemos afirmar que as ideias de Winnicott nos convidam a ver a psicanálise não apenas como um meio de resolver conflitos ou de curar feridas, mas também como um caminho para a autoexpressão, a autodescoberta e, em última análise, para uma vida mais rica e autenticamente vivida. Trata-se de um convite para reconhecer e abraçar a capacidade inerente de cada pessoa poder ser o autor de sua própria história, transformando desafios em oportunidades para o crescimento e a renovação.

Ela duvida
do próprio desejo,
da decisão tomada

2

[decisão]

você chama de violento
todo e qualquer ato meu
que anuncie uma decisão tomada
simplesmente porque quero

estou agora
porta-bandeira
da mulher amarga, arredia, cruel, difícil
desfilo entre seus amigos e familiares
como
aquela que

você
mestre (de fazer) sala
quer a mulher fogo
sem se queimar com ninguém

você me pede então

um pouco menos, amor

e eu
aflita
fui colocando a fogueira toda
o ritual
na boca
de um fogão

com a barriga encostada no tampo da pia, vejo a
   água escorrer escura num café

nossa casa
meu castelo
minha torre

(estou aqui para pedir ajuda:
como destruo a prisão sem destruir o lar?)

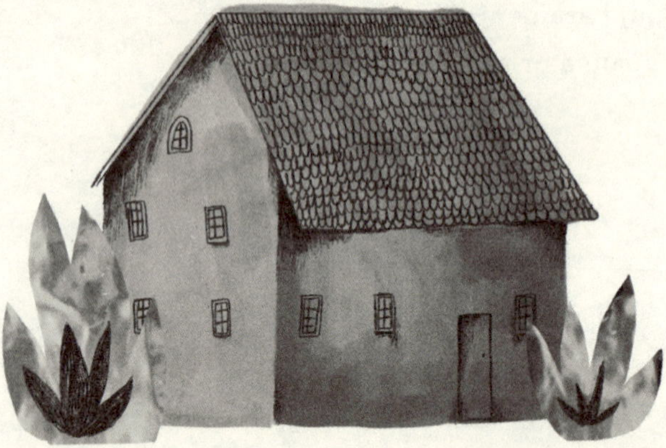

[fórmula]

sinto que me conhece tão bem
que sabe por onde me apaixono fatalmente:

basta me abandonar

lenta e sistematicamente

sabe que sou apaixonada pela falsa ideia de que
    serei preenchida
sabe que já fui abandonada antes e sempre e sem a
    erupção bruta
mas como um corte fino delicado e profundo

basta me abandonar

com algum método e com a sinceridade de quem
    não intenta ferir
para que eu sinta o inevitável desejo de ser amada
    por você

[mulher: eis a questão]

querer ou não querer
tem algum poder?

[dignidade]

para ser digna
deveria controlar meu desejo

(chamo de desejo?)

deveria ter fugido dos pés, das pernas, dos olhos
deveria ter reforçado meu não em caras sérias
serenas pacificadas em pó compacto

compacta
não deveria ter suado
nem tirado o sutiã antes de voltar
nem a calcinha antes de voltar
nem prendido os cabelos
revelando uma permissão deliciosa

estou sem preparo nem maquiagem estou sem
    tecido a não ser esse. minha pele e a outra e um
    pouco mais só.

eu perdi a dignidade
trouxe do sonho (onde já acordo absolvida)
para a vida (onde já sempre culpada)

culpada

estou disposta a soltar a coleira do desejo. e ser
amanhã a que se serviu sem caçada. estou disposta
a sentir que não joguei o jogo.

jogo

anotei essa palavra no meu caderninho.
eu sou uma mulher.
deveria desejar menos?
ou mostrar menos?
eu deveria ter medo de perder a dignidade?
deveria alimentar tanto o tumor do medo?

não fiz nada disso ontem.

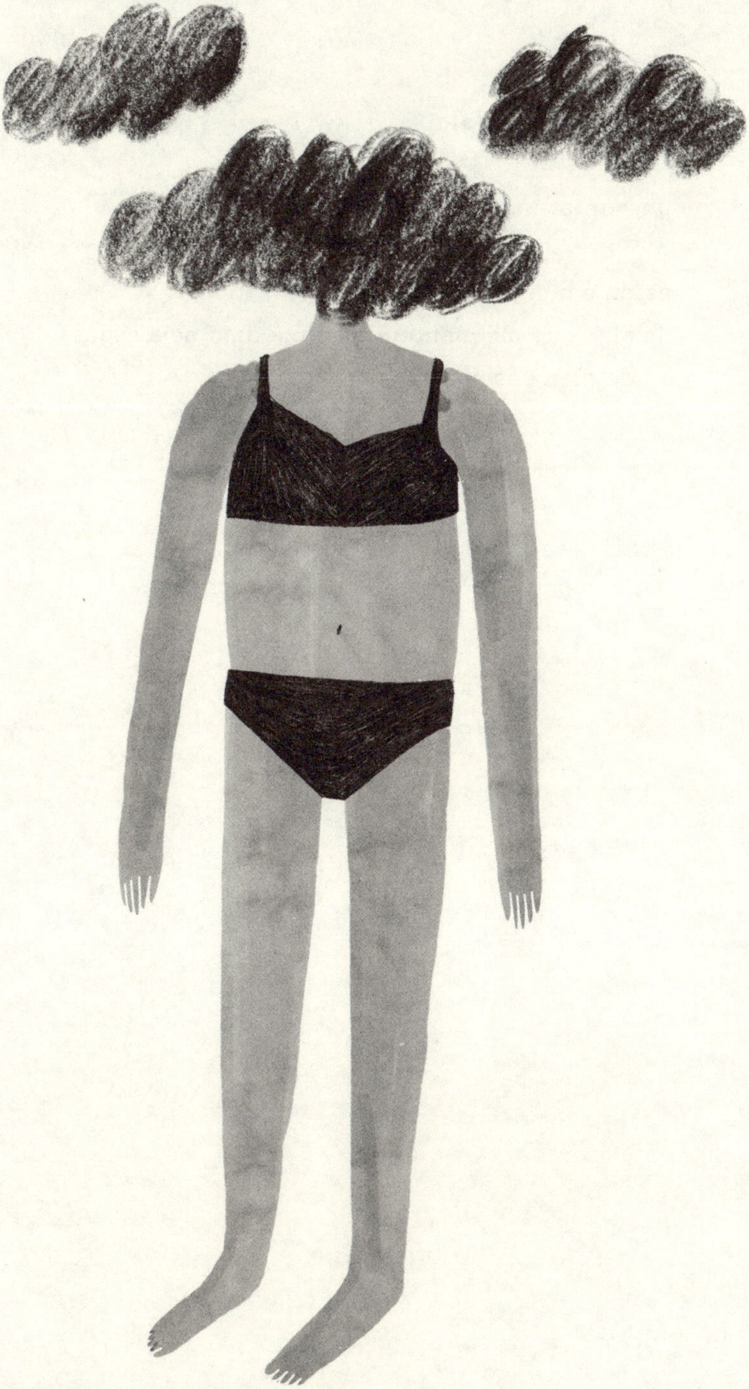

[cuidado.perigo]

perguntar-me insistentemente:

estou em busca do amor ou
de algo que me mantenha a uma distância segura
   do meu desejo?

2.
Sobre desejar e bancar o desejo

> Que a palavra parede não seja símbolo
> de obstáculos à liberdade
> nem de desejos reprimidos
> nem de proibições na infância[39]

O desejo habita o cerne do psiquismo humano. No entanto, para haver desejo deve existir um Eu minimamente integrado – conforme mencionei no capítulo anterior. Assim, identificar a nossa própria condição desejante implica reconhecer-se em primeiro lugar e, também, reconhecer o outro. Refiro-me ao sentimento de *alteridade*.

Porém, é praticamente impossível falar de desejo, em nossa disciplina, sem mencionar o peso das inovações de Jacques Lacan (1901-1981). Esse autor francês é conhecido por suas teorias um tanto quanto polêmicas e, muitas vezes, enigmáticas sobre a psique humana. Acontece que ele escrevia de maneira – digamos – indecifrável, mas essa característica peculiar não invalida

---
39. BARROS, Manoel de. Seis ou treze coisas que eu aprendi sozinho. In: _____. *Poesia completa*. São Paulo: LeYa, 2010, pp. 257-262.

as suas "sacadas" a respeito da nossa subjetividade. Lacan nutriu um interesse particular pela linguagem e a sua relação com o inconsciente, e foi justamente nessa interseção que ele elaborou a sua "teoria do desejo". Ele propôs um retorno a Freud, como costumamos dizer, em um período em que a psicanálise estava sendo influenciada pelo discurso psiquiátrico normativo.

Debatido e admirado por muitos, contestado e odiado por outros, Lacan é conhecido por sua obra erudita, difícil de compreender e obscura em suas formulações. Mas isso não ocorre à toa. Todo autor é fruto das águas que bebe. Lacan escreve em termos psicanalíticos, filosóficos, antropológicos e linguísticos; sua reflexão sobre o sujeito orienta-se em todas essas direções. Para tanto, ele se valeu da linguística de Saussure, da antropologia de Lévi-Strauss e da dialética de Hegel.

Bom, uma coisa é o estilo lacaniano ser complexo e construído com base no jargão intelectualizado. Outra coisa é repetirmos esse modelo em nossa cultura, em um país tão carente de referências e repleto de déficits na educação. Isso, a meu ver, evidencia uma elitização do conhecimento que leva nada a lugar nenhum.

Isso posto, proponho o grande desafio de explicar Lacan sem falar "lacanês". Cabe destacar que considero esse adendo teórico necessário para compreendermos as raízes do desejo e as suas ressonâncias em nossa vida cotidiana – sobretudo, por meio do material compartilhado por Cecília.

Para o nosso querido autor parisiense, o inconsciente se estrutura porque há, nessa instância, linguagem ou "convenção significante", como ele próprio gostava de chamar. O desejo do ser humano desliza, incessantemente, de um objeto para outro, seguindo o caminho que a linguagem lhe indica, com a sua organização de deslocamento. A reformulação que Lacan obtém, ao introduzir a linguística na psicanálise como elemento fundamental, é muito radical; a linguagem determina o sentido, engendrando as estruturas do psiquismo.

Pois bem, Lacan estuda a temática do desejo em vários trabalhos. Entre eles, eu destaco, para o público interessado, especialmente, os seus seminários: "O seminário, livro 5: As formações do inconsciente" (1957-1958), "O seminário, livro 6: O desejo e sua interpretação" (1958-1959), e o ensaio "Subversão do sujeito e dialética do desejo no inconsciente freudiano" (1960), publicado no livro *Escritos* (1998) – que, por sinal, é difícil pra caramba de entender (!).

Acredito, no entanto, que há várias leituras possíveis do discurso lacaniano. A que vou apresentar aqui é a *minha* leitura, e isso não quer dizer que é a única ou a mais correta. Trata-se da forma como *eu* compreendo esse autor.

Para Lacan, o desejo humano remete a algo diferente da necessidade biológica imediata. Em Freud, essa questão foi apresentada por ele ao distinguir o uso dos vocábulos *Instinkt* (instinto animal) de *Trieb* (pulsão) – embora existam discordâncias sobre essa tradução do alemão. Lacan, por seu turno, discute o desejo humano fazendo interagir o registro do imaginário com o do simbólico. O casal de psicanalistas Bleichmar

& Bleichmar[40] propõe um breve resumo para entendermos esses termos:

– O outro (a) = *autre* (a): o ser humano se identifica com a *imagem* que lhe é devolvida pelo olhar do semelhante. Isso forma a base da identificação narcisista. Alienada no desejo alheio, a criança mimetiza as aspirações que vêm de fora. O ego ideal é o que não se é, mas o que se deseja ser, ou seja, a nossa própria imagem refletida.

– O Outro (A) = *Autre* (A): a linguagem e o significante constituem uma espécie de tesouro. É o lugar do Outro. O homem fica inscrito no universo de palavras e no nome que lhe dá o seu lugar, isto é, estamos diante de outra alienação primordial que ocorre, desta vez, em um *discurso* que procede do exterior.

Em suma, Lacan pensa que uma das vertentes do desejo humano é que o sujeito procura se constituir em objeto do desejo de seu semelhante, o outro (a - *autre*), em primeira instância, a mãe (ou figura materna). "Eu desejo que ela me tome como objeto de seu desejo" – pensamos inconscientemente. Nesse processo reside uma das bases do amor – e, quando isso não acontece, surge o ódio. No ponto de vista lacaniano é assim e acabou; não há livre-arbítrio diante disso, a estrutura se prende como uma armadura de ferro.

Nesses moldes, a intersubjetividade é definida a partir da demanda de reconhecimento. "És meu escravo e, por isso, reconheço-me como teu amo." Para ser,

---

40. BLEICHMAR, Norberto M. & BLEICHMAR, Celia L. *A psicanálise depois de Freud.* Porto Alegre: Artes Médicas, 1992.

defino-me na relação. Sem ti, eu não tenho valor nenhum. Portanto, a minha existência e o meu desejo são definidos pelo desejo e pela falta do outro.

A outra vertente do desejo humano vem do grande Outro (A - *Autre*). Essa incidência é múltipla. É o Outro quem nos indica, desde o início, as palavras como desejar. Quando o bebê tem uma necessidade, a mãe se inscreve, junto com a satisfação dessa necessidade, em um universo de linguagem. Sua mensagem aparece no sujeito de maneira invertida quando é expressa como desejo próprio.

Grosso modo, há um duplo desejo de reconhecimento: pelo outro e pelo Outro. Porém, assim como estrutura o sujeito, a linguagem confere ao desejo uma de suas características fundamentais: o efeito de deslocamento metonímico de um objeto para outro. Como ninguém é obrigado a se lembrar das aulas de Português, recordo que "metonímia" é uma figura de linguagem em que uma palavra ou frase é substituída por outra, com a qual tem uma relação de proximidade ou causalidade. Diferentemente da metáfora, que se baseia na comparação, a metonímia baseia-se em uma associação lógica entre os termos envolvidos. Por exemplo, ler Machado de Assis refere-se à leitura das obras escritas por Machado de Assis, não ao ato de ler a pessoa.

A linguagem transcorre, então, nesse contínuo deslocamento. O inconsciente, ao acompanhar a estrutura da linguagem, repete essa dinâmica. Esse movimento leva a um deslocamento interminável do objeto do desejo. Assim, desejamos porque falamos. O desejo fica, ao mesmo tempo, inscrito e oculto na demanda. Na realidade, o que se demanda sempre é ser amado, como ocorre em uma análise, tanto no paciente como no analista – vale salientar. O Outro regula essa relação, assim como todas as relações da nossa existência. Pela linguagem expressamos a nossa demanda de amor, em que habita o desejo de reconhecimento – que nunca pode ser preenchido. Isto é, ele aparece sempre de outra forma. Assim como o dicionário define um termo com outro, e este remete, por sua vez, a um terceiro, um significante só encontra o seu sentido na cadeia de significantes.

Por esse motivo, Lacan distingue a necessidade, no nível biológico, do desejo, inscrito em um plano simbólico e imaginário. É preciso diferenciar o comer ou o beber, como necessidade de sobrevivência, do desejo de gozo oral que, em sentido estrito, não é satisfeito com o líquido que tranquiliza a sede. Esse último requer uma cerveja, um vinho, um espumante, uma Coca-Cola etc. Gozo e prazer são categorias estritamente humanas na dimensão do desejo. Na demanda, pede-se reconhecimento e amor; por exemplo, a demanda do paciente de ser amado por seu analista, de ser reconhecido em seu sintoma e em sua singularidade. A nossa ferida narcísica se abre diante da frustração da demanda e, por conseguinte, aparece a agressividade. Podemos suportar muitas coisas, menos o fato de não sermos reconhecidos – isso fere a alma.

Da identificação narcísica emerge o desejo de ser o desejo do outro, ocupando o lugar do objeto de seu desejo. Todavia, esse mesmo semelhante nos insere, ao exprimir em palavras o nosso desejo, em um universo significante que exige nossa subordinação às leis da linguagem

(Outro). Como resultado desse processo, nosso desejo não poderá ser nomeado jamais e circulará pela via da metonímia, ou seja, vagando de um para outro significante. Desejo de um carro zero, de uma casa boa, de uma viagem de luxo, de uma roupa nova, de um restaurante sofisticado, e assim infinitamente. Em resumo, desejamos desejar.

Esse ímpeto, contudo, se constitui a partir da *falta*. Nós desejamos aquilo que supostamente está faltando em nós. Mas, de acordo com o pensamento lacaniano, essa falta é uma construção, uma *ilusão* criada pela cultura e pelo contato com o Outro.

E esse é o momento em que a gente pausa a leitura para pensar no rumo da nossa existência... Com o intuito de aliviar essa pressão, compartilho, a seguir, o trecho de uma música que ilustra o que estamos discutindo:

> Por que é que tem que ser assim
> Se o meu desejo não tem fim?
> Eu te quero a todo instante
> Nem mil alto-falantes
> Vão poder falar por mim[41]

Em um dos seus poemas, Cecília confessa:

> "estou em busca do amor ou
> de algo que me mantenha a uma distância segura
>   do meu desejo?"

---

41. Trecho da canção "Fico assim sem você". Interpretada por: Claudinho & Buchecha. Composta por: Abdullah, Caca Moraes. Produzida por: Sergio de Carvalho. Fonte: Universal Music Ltda.

Lacan entende o desejo como uma força que não apenas emerge do indivíduo, mas que é moldada e influenciada pela interação social e simbólica. Isso é evidenciado no poema quando Cecília questiona se está em busca do amor ou de uma salvaguarda contra os seus próprios desejos. Essa indagação revela a luta interna entre a busca por algo genuíno – o amor, que pode ser visto como uma manifestação do desejo verdadeiro – e o desejo de manter-se protegida das próprias aspirações, talvez por medo das consequências de enfrentá-las, descolando-se dos ideais alheios.

Tal conflito interno é ainda mais acentuado quando consideramos o argumento de Lacan de que o desejo é essencialmente ligado ao "Outro". Desde a infância, somos influenciados pelas expectativas e anseios daqueles ao nosso redor, moldando assim nossos próprios desejos. A referência ao conceito freudiano de "vossa majestade, o bebê", definido no ensaio *Introdução ao narcisismo* (1914),[42] ilustra essa dinâmica: recebemos afetos e investimentos emocionais que nos colocam em um pedestal de idealizações, criando um cenário no qual os nossos desejos são constantemente adaptados e, muitas vezes, suprimidos para atender às expectativas de outrem.

No poema de Cecília, portanto, essa tensão entre o desejo pessoal e o desejo imposto pelo outro é palpável. É possível notar que a minha paciente se depara com o desafio de navegar nessas águas turbulentas, em que o

---

42. FREUD, Sigmund. Introdução ao narcisismo. In: _____. *Obras completas, v. 17*. São Paulo: Companhia das Letras, 2010. (Obra original publicada em 1914)

desejo pessoal e a influência do outro se entrelaçam de maneira complexa. A busca por amor, então, pode ser interpretada não apenas como uma busca por conexão emocional, mas também como um esforço para encontrar um equilíbrio entre suas verdadeiras aspirações e as expectativas impostas pelo mundo exterior.

Talvez uma das maiores indagações da vida incida sobre a nossa capacidade de discernir o nosso próprio desejo daquilo que acreditamos ser o desejo do Outro. Como Lacan argumenta: tendemos a desejar o que acreditamos que o Outro deseja. Nesse sentido, "bancar a nossa condição desejante" exige um grau de maturidade que nos auxilie a escapar dessa alienação.

Todas essas circunstâncias revelam-se ainda mais complexas ao refletirmos sobre o lugar ocupado pelas mulheres em nossa sociedade machista e patriarcal. Aliás, a minha paciente aborda esse tema nos seguintes versos:

"você chama de violento
todo e qualquer ato meu
que anuncie uma decisão tomada
simplesmente porque quero"

Não é necessário recorrer à psicanálise para observar que, ao afirmar o seu desejo, uma mulher frequentemente enfrenta intimidação e temor, resultando em um intenso sofrimento. Essa aflição surge da escassez de espaços que reconheçam e validem o seu legítimo processo de autorrealização. Na cultura contemporânea, em que as violências cotidianas tendem a deslegitimar a existência feminina, bancar o próprio desejo torna-se um ato simultaneamente revolucionário e desafiador para as mulheres.

Enquanto escrevia estas linhas, me lembrei de um discurso impactante proferido por Madonna em maio de 2016, quando foi homenageada como "Mulher do Ano" pela Billboard. Carregado de emoção e sinceridade, o pronunciamento da icônica rainha do pop destacou o cenário misógino no qual ela batalhou para consolidar a sua carreira. Cito-a:

> Se você é uma garota, você tem que jogar o jogo. Você tem permissão para ser bonita, fofa e sexy. Mas não pareça muito esperta. Não aja como você tivesse uma opinião que vá contra o *status quo*. Você pode ser objetificada pelos homens e pode se vestir como uma prostituta, mas não assuma e se orgulhe da vadia em você. E não, eu repito, não compartilhe suas próprias fantasias sexuais com o mundo. Seja o que homens querem que você seja e, mais importante, seja alguém com quem as mulheres se sintam confortáveis por você estar perto de outros homens. E, por fim, não envelheça, porque envelhecer é um pecado.[43]

Não custa destacar que estamos falando de uma mulher rica, famosa, branca e milionária – características que, de forma alguma, diminuem o valor imensurável dessa artista para a nossa história. Só quero ressaltar que essa realidade, tão bem apontada no discurso de Madonna, pode ser dez vezes pior quando falamos da

---

43. Disponível em: https://www.hypeness.com.br/2016/12/o-poderoso-discurso-de-madonna-ao-ser-eleita-mulher-do-ano-pela-billboard/.

maioria da população brasileira – predominantemente preta e vulnerável. Com efeito, um analista que se preze precisa estar devidamente alinhado às questões do seu tempo, atentando-se ao sofrimento psíquico provocado pelo contexto social no qual estamos inseridos.

Recorro, então, aos versos de Cecília:

"querer ou não querer
tem algum poder?"

Respondendo a essa pergunta, eu diria que sim. Querer *sempre* tem algum poder. No caso das mulheres, esse poder é ainda mais paradoxal, pois, à medida que se revela, ele afasta aqueles que não o suportam. Para ser satisfeito, esse desejo de si mesmo exige ser reconhecido pelo acordo da palavra, pela força que ele contém em sua totalidade. Ora, esse reconhecimento se *abre* na experiência analítica e se *expande* gradualmente para outros campos da vida. Ao escutar os sujeitos, um a um, nós, psicanalistas, caminhamos à margem do discurso comum, abrindo vertentes para o esvaziamento dos ideais contemporâneos – onde não há tempo para se escutar. A falta estrutural, a incompletude da nossa essência, surge como uma via *privilegiada* na clínica.

Seguindo nessa esteira, menciono Lacan:

> Mas esse próprio desejo, para ser satisfeito no homem, exige ser reconhecido, pelo acordo da fala ou pela luta de prestígio, no símbolo ou no imaginário.
>
> O que está em jogo numa psicanálise é o advento, no sujeito, do pouco de realidade que esse desejo sustenta nele

em relação aos conflitos simbólicos e às fixações imaginárias, como meio de harmonização destes, e nossa via é a experiência intersubjetiva em que esse desejo se faz reconhecer.[44]

Em contrapartida, os homens temem o "querer" feminino desde que o mundo é mundo – o próprio Freud, inclusive, comentou que a mulher é o continente negro da psicanálise, fazendo uma metáfora ao desconhecido e misterioso continente africano com seus territórios escondidos e inexplorados. Não obstante, uma mulher que resolve bancar a sua própria condição desejante torna-se a mais pura representação do que conhecemos como um gesto legítimo de *resistência* e libertação.

Não à toa, Cecília escreve:

"(estou aqui para pedir ajuda:
como destruo a prisão sem destruir o lar?)"

Entregar-se ao desejo, portanto, implica desprender-se das amarras sociais – ainda que isso custe a destruição de inúmeros ideais (lares), pois, na vida, não há nada pior do que trair a si mesmo...

---

44. LACAN, Jacques. Função e campo da fala e da linguagem em psicanálise. In: _____. *Escritos*. Rio de Janeiro: Zahar, 1998, p. 281. (Trabalho original publicado em 1953)

3

Ela está em busca da solidão
em paz

[musa]

se alguém te colocar num pedestal

desça
saia
caminhe

todo pedestal é uma prisão

[avesso.inverso]

Você vem me contar coisa qualquer.
Mas você nunca é coisa qualquer.
Você me conta e termina abrindo espaço em mim.
Espacinho com palavras.
A bolha de ar com a voz

Você diz
assim
como quem não está abrindo o mapa do tesouro
que coragem é feita de amor.

Eu visto o verso e aqueço-me e tiro e te devolvo no avesso.

Digo sem rima:

não existe amor sem coragem.

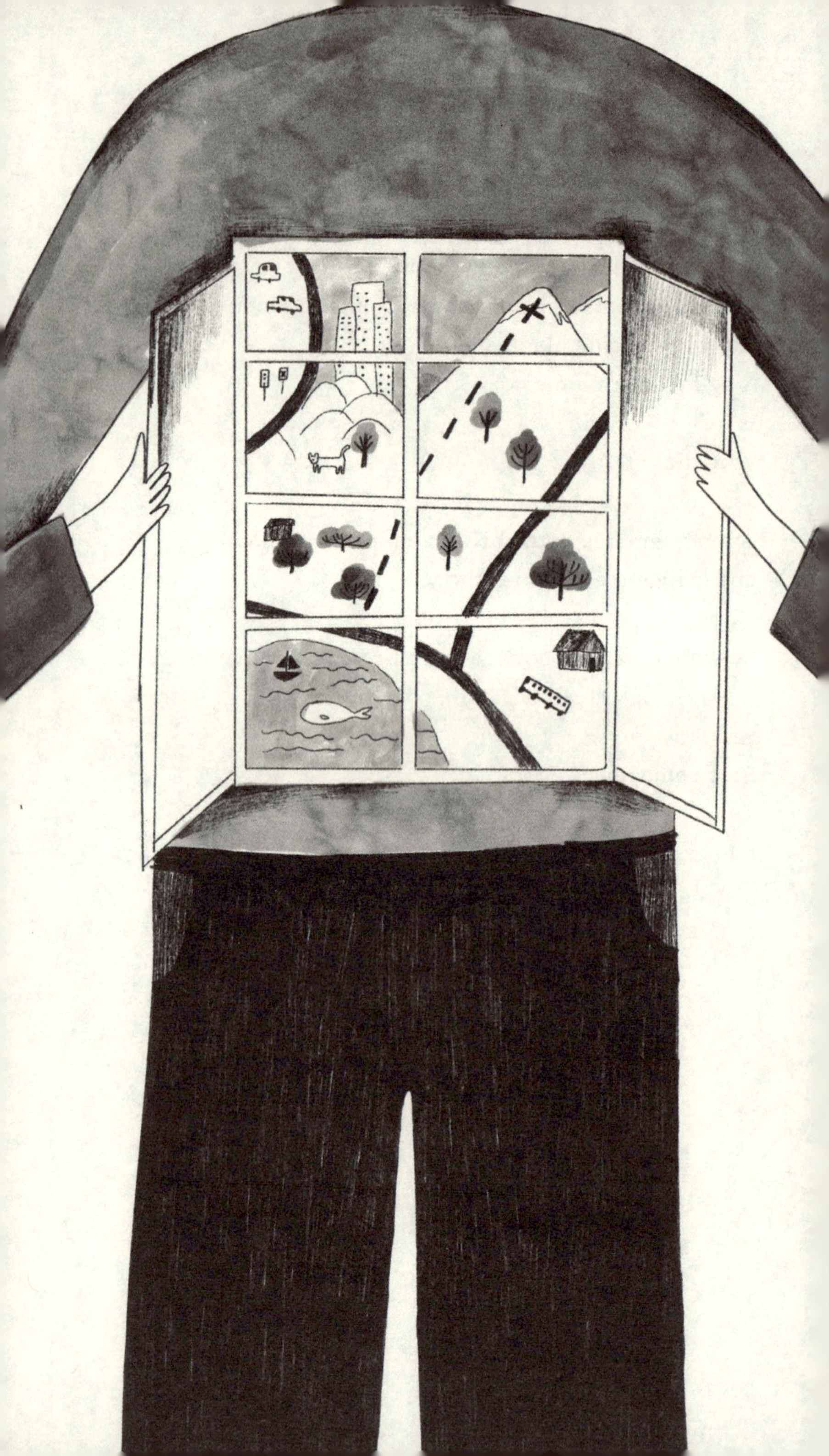

[se eu falasse francês]

se eu falasse francês
se eu conhecesse Bordeaux
(e soubesse escrever bôrdô sem olhar no google)
se eu tivesse visto mais filmes
se meu vocabulário fosse mais rebuscado
se eu odiasse gordura vegetal hidrogenada e
   glutamato monossódico
se eu não tivesse essa cicatriz na coxa
se eu não ferisse a virilha com a pinça
se eu lavasse com xampu melhor os cabelos
se eu fosse filha de um intelectual acadêmico
se eu não comesse os cantinhos dos dedos
se eu tomasse mais chá
se eu não fosse míope
se eu consertasse meu corpo
se eu tivesse olhos verdes
se minha pele fosse mais macia
se eu escutasse músicas de vanguarda
se eu falasse francês

você me amaria?

[amava inventado]

fiz uma lista de coisas para tratar hoje na terapia

A
invenção do amor alado estava no topo

risquei porque achei ridículo
trouxe riscado mesmo
arrisco
uma linguagem rasurada como um idioma íntimo

inventei um amor alado
unicórnio arco-íris voador purpurina
voei
num cavalinho magro que deixava pelo caminho
rastros restos secos de ontem

galopinho bobo moscas e
olhos gentis

Lista de dúvidas:

a culpa é do amor?
o unicórnio pode ser condenado por não existir?
e, por último, onde mora o tribunal das respostas e
    sentenças amorosas?

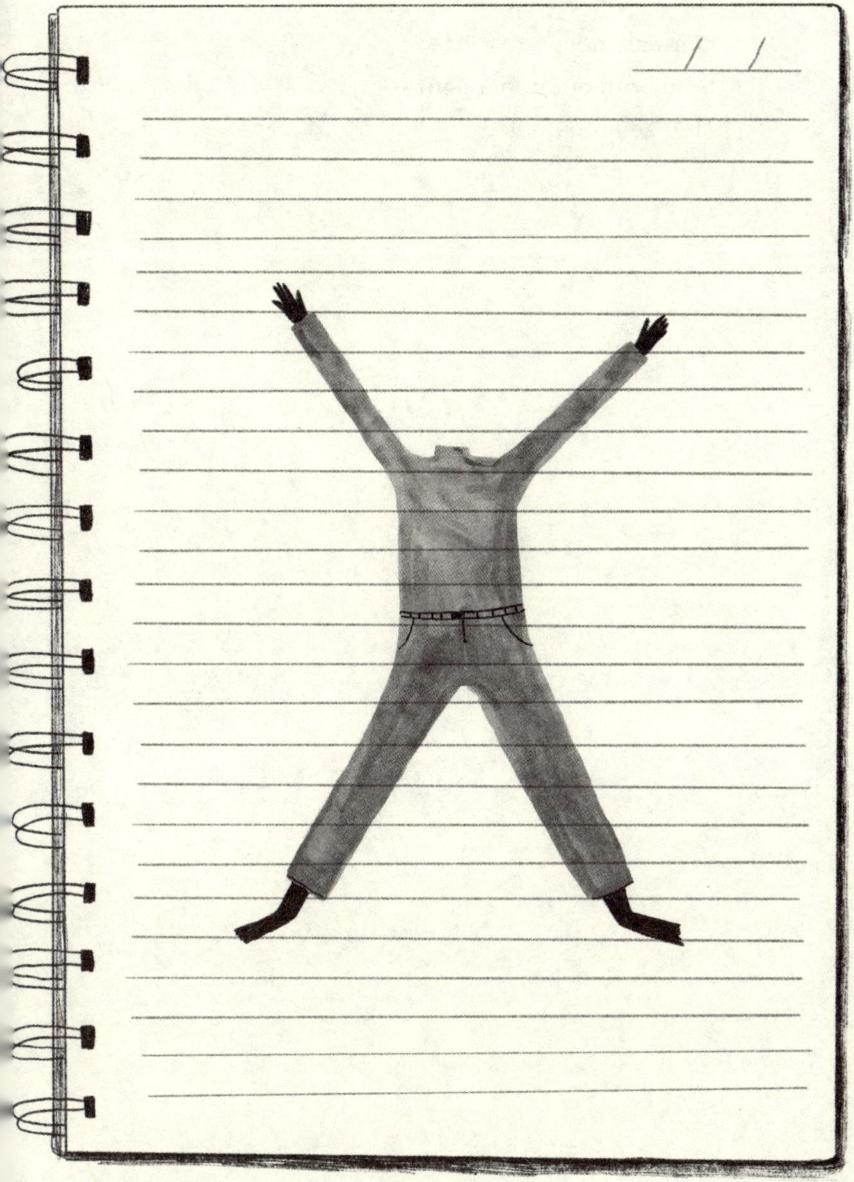

[oxigênio]

O ~~mar~~ amor
Só é bom quando a gente
Não se afoga nele.

3.
Amor e liberdade:
opostos ou complementares?

Uma grande escritora, chamada Liana Ferraz[45] – cujos textos eu admiro bastante –, escreveu o seguinte poema visual:

> textos de amor
> me dão medo
>
> mas não é do texto
> que sinto medo
>
> é do amor...

    Voltando alguns anos no tempo, mais precisamente em julho de 1932, Albert Einstein escreveu uma carta a Freud questionando sobre o que induz os homens a

---
45. FERRAZ, Liana. *Sede de me beber inteira*. São Paulo: Planeta, 2022, p. 110.

praticarem a guerra. Sem a pretensão de esgotar a questão, Freud, então, respondeu a Einstein dizendo que tudo aquilo que produz ligações afetivas entre as pessoas pode ter um efeito contrário à guerra. Essas ligações ocorrem pela via do amor (Eros), mesmo que sem metas sexuais. Em seguida, valendo-se da sua característica humildade intelectual, o psicanalista vienense complementa: "A Psicanálise não precisa se envergonhar de aqui falar de amor, pois a religião diz a mesma coisa: 'ame teu próximo como a ti mesmo'. Acontece que isso é fácil de exigir, mas difícil de cumprir".[46]

Se o amor é a força que nos une, estabelece os laços e fortalece os vínculos, por que temos tanta dificuldade de lidar com ele? Ou melhor: por que temos tanta resistência para senti-lo?

Em meio a sua tempestade de afetos, Cecília escreve:

"Você diz
assim
como quem não está abrindo o mapa do tesouro
que coragem é feita de amor.

Eu visto o verso e aqueço-me e tiro e te devolvo no avesso.

---

46. FREUD, Sigmund. Por que a guerra? (Carta de Freud a Einstein). In: _____. *Obras incompletas de Sigmund Freud: Cultura, sociedade, religião*. Belo Horizonte: Autêntica, 2020, p. 438. (Obra original publicada em 1933)

Digo sem rima:

não existe amor sem coragem."

    A angústia de Cecília se costura com a de Liana, que, por sua vez, se entrelaça à justificava de Freud. Afinal, por que temos medo de amar?
    É verdade que há uma profunda interação entre o amor e a coragem; dois conceitos que, à primeira vista, podem parecer distintos, mas que, sob uma análise mais cuidadosa, revelam-se intrinsecamente ligados.
    Para entendermos melhor essa premissa, retornemos a Freud. No ensaio *Introdução ao narcisismo*,[47] de 1914, esse autor enfatizou que o narcisismo não é apenas aquele sentimento de amor-próprio exagerado – como as pessoas costumam compreender –, mas se trata de uma estrutura que inaugura as bases do nosso Eu. Para tanto, ele nos apresenta duas noções essenciais.
    A primeira delas é a de "Eu ideal". No início, como crianças, somos os soberanos dos nossos pequenos reinos – *"His majesty the baby"* [Vossa majestade, o bebê], nas palavras de Freud –, em que o Eu é o centro, e o mundo, um mero espelho de nossas necessidades e desejos. Porém, para que isso aconteça, é imprescindível o investimento libidinal dos nossos cuidadores; é impossível amar a si mesmo sem ter sido amado inicialmente. No palco desse narcisismo primário, se apresenta o "Eu

---

[47] FREUD, Sigmund. Introdução ao narcisismo. In: _____. *Obras completas*, v. *12*. São Paulo: Companhia das Letras, 2010. (Trabalho original publicado em 1914)

ideal" – uma construção gloriosa de quem somos e de quem desejamos ser. Mas o amor, em sua forma mais pura, pede que deixemos esse posto, isto é, ele exige que abandonemos a segurança desse Eu idealizado para nos encontrarmos com o outro, um ser distinto e igualmente singular. Por isso, conviver em sociedade é tão difícil.

No entanto, a conquista da maturidade depende diretamente da quebra desse encapsulamento narcísico – "adoecemos quando não somos capazes de amar", afirma Freud. Essa mudança do amor narcísico para o amor objetal é um salto no abismo das incertezas e constitui a segunda noção freudiana: a de "ideal de Eu". Em suma, Freud se pergunta o que acontece com o amor desmesurado por si mesma que caracteriza o narcisismo primário da criança quando, depois de adulta, se depara com as frustrações impostas pelo mundo externo. O autor considera que o ser humano não pode dispensar o desejo de perfeição narcísico original de sua infância. Assim, essa condição não desaparece, mas é substituída pelas projeções que dirigimos aos outros. Em termos diferentes: aquilo que o adulto projeta diante dele como seu ideal nada mais é que o substituto do narcisismo perdido da infância.

No amor, o "ideal de Eu" é desafiado, pois amar é aceitar o outro em sua totalidade, com as suas respectivas imperfeições e mistérios. Esse afeto abrange o reconhecimento de que o outro não é uma extensão dos nossos desejos ou um simples reflexo das nossas aspirações, mas uma "entidade" separada, com a sua própria história, tingida por dores e sabores.

Cecília admite que a coragem é um ingrediente essencial do amor, aludindo que, para amar verdadeiramente, é preciso uma boa dose de bravura.

O amor contém uma infinidade de faces ocultas. Aliás, ele é um tanto quanto indecifrável e, justamente por isso, também é a causa de inúmeras inquietações – e adoecimentos psíquicos. O amor, nesse sentido, realmente pode ser comparado a um "mapa do tesouro", que indica certos caminhos, ainda que sejam incertos. É preciso coragem para explorá-lo, sobretudo para desnudar a nossa couraça narcísica.

Clarice Lispector, sensível como a grande maioria dos artistas, indaga-se:

> Terá sido amor o que vi? Mas que amor é esse tão cego como o de uma célula-ovo? foi isso? aquele horror, isso era amor? amor tão neutro que – não, não quero ainda me falar, falar agora seria precipitar um sentido como quem depressa se imobiliza na segurança paralisadora de uma terceira perna.[48]

No poema redigido pela minha paciente, lemos: "Eu visto o verso e aqueço-me e tiro e te devolvo no avesso", ou seja, há uma imagem de reciprocidade e de exposição. Vestir o verso e depois o devolver no avesso indica uma dinâmica de *troca* emocional, na qual o eu lírico se permite ser vulnerável. Essa ação vai além do narcisismo, pois envolve uma abertura para a alteridade – que é fundamental na teoria freudiana sobre as relações humanas.

---

48. LISPECTOR, Clarice. *A paixão segundo G.H.* São Paulo: Rocco, 2020, p. 17.

Após considerarmos tudo o que foi discutido, torna-se claro entender por que o amor frequentemente inspira temor. Na verdade, temos receio de confrontar a realidade do amor, que frequentemente é desordenada, imperfeita e desafiadora, contrastando com a imagem polida e sem falhas do amor romântico – tão comum em nossa cultura –, reflexo do nosso narcisismo primário. Nesse cenário, o medo de amar surge como uma forte resistência.

Muitas vezes, a escolha apaixonada por alguém reflete uma captura narcísica inconsciente, em que vemos no próximo aspectos de nós mesmos. Quem nunca se deparou com alguém que parecia ser o parceiro perfeito, que atire a primeira pedra.

Pois bem, quando a paixão se desvanece e os ideais narcísicos se desmoronam, o valor atribuído ao outro pode diminuir drasticamente. Não é raro descobrir, com o tempo, que essa intensidade era apenas um fenômeno passageiro – "um fogo de palha", conforme a expressão popular.

Uma relação amorosa que se preze sobrevive à "fase da paixão", quando o Eu ultrapassa o estado narcísico, reconhecendo no outro um ser digno de amor. Isso significa que um Eu bem-formado e confiante na sua capacidade de navegar pelo campo das relações interpessoais é capaz de manter uma relação enriquecedora com o outro, compartilhando experiências em conjunto.

Essa competência para o encontro intersubjetivo se origina na relação mãe-bebê e se mantém em equilíbrio dinâmico com a cultura e as referências ambientais ao longo da vida. Como vimos, o narcisismo é essencial para a formação do Eu e para definir o papel do outro em nossas vidas. Problemas nas relações interpessoais surgem quando essa fase é mal resolvida ou, na vida adulta, o retorno a ela resulta em um Eu autocentrado, sem o interesse genuíno pelo outro.

A potência de uma relação amorosa, tão desejada e idealizada, depende de uma subjetividade forjada nas experiências do narcisismo primário e na habilidade de vivenciar a alteridade, reforçada por um contexto social que valorize a diversidade.

Antes de prosseguir, gostaria, contudo, de retomar o conceito de "ideal de Eu". Sua formação está diretamente ligada ao fato de que o indivíduo, ao renunciar a sensação de onipotência – típica do "Eu ideal" –, precisa se encaixar às expectativas alheias, na esperança de resgatar essa vivência primária. Isto é, para assegurar as bases do narcisismo infantil, tentamos nos manter nesse posto, atendendo às demandas dos outros. Isso traz uma satisfação, mas, paradoxalmente, promove um adoecimento – pois, ao agradar outrem, acabamos nos alienando de nós mesmos.

Coincidentemente, Cecília admite: *"todo pedestal é uma prisão"*.

No seu clássico artigo "O estádio do espelho como formador da função do eu", apresentado em Zurique, em 1949, Lacan[49] parte de uma questão observada no cotidiano: o bebê, por volta dos 6 meses, reage jubilo-

---

49. LACAN, Jacques. O estádio do espelho como formador da função do eu. In: _____. *Escritos*. Rio de Janeiro: Zahar, 1998. (Trabalho original publicado em 1966)

samente diante da percepção de sua própria imagem refletida no espelho. Essa reação contrasta com a indiferença que outros animais demonstram diante do seu reflexo especular. Lacan pensa que o ser humano tem uma representação fantasmática do seu corpo, na qual ele aparece totalmente fragmentado. Portanto, a imagem, refletida no espelho, surpreende a criança, pois ela se vislumbra com algo que nada mais é do que uma antecipação da integridade corporal que ela ainda não possui naquele período.

Pois bem, nessa identificação com uma "imago", que nada mais é do que uma promessa daquilo que o indivíduo poderá ser, há uma grande falácia: o sujeito se identifica com algo que ele não é. Na realidade, acredita ser o que o espelho ou, digamos, o olhar da mãe[50] reflete. O bebê, então, identifica-se com um fantasma, com uma forma que ainda não tem estrutura. Na linguagem lacaniana, trata-se do "imaginário". Desde muito cedo, ficamos presos a uma ilusão, da qual procuramos incansavelmente nos aproximar pelo resto da nossa existência. Ser um super-herói, um profissional bem-sucedido, uma pessoa responsável, um gênio etc. são apenas algumas versões do processo imaginário.

Logo, notamos que o "estádio do espelho" não é somente um momento do desenvolvimento psíquico, mas uma estrutura, ou seja, um modelo de vínculo que vai operar durante toda a nossa vida. No âmago do pensamento lacaniano, ele é conceitualizado como um dos

---

50. Uso a palavra mãe, mas me refiro a qualquer pessoa que possa ocupar o lugar de "função materna".

três registros que definem o sujeito: o registro imaginário, que se entrelaça ao real e ao simbólico.

Assim, apenas pelo fato de viver com outras pessoas, os seres humanos ficam presos, irreversivelmente, em um jogo de identificações que os impelem a repetir aquela relação com a imago antecipatória – refletida no olhar alheio. Quando um pai diz ao filho, por exemplo: "Você é a criança mais linda do mundo", está introduzindo-o nessa dialética, da qual o pobre indivíduo jamais poderá escapar.

Talvez, por essa razão, Cecília – do mesmo jeito que todos nós – se esforça tanto para ser amada/reconhecida:

"se eu tomasse mais chá
se eu não fosse míope
se eu consertasse meu corpo
se eu tivesse olhos verdes
se minha pele fosse mais macia
se eu escutasse músicas de vanguarda
se eu falasse francês

você me amaria?"

Aproveito para lançar a seguinte provocação: qual o preço que pagamos para nos manter em uma posição idealizada?

Antes de qualquer coisa, não custa destacar que há um prazer – ainda que implícito – em se colocar como ideal do outro. Normalmente, quando nos enquadramos, ganhamos um lugar, e isso desperta aquela famosa sensação de *pertencimento*.

Mas, no meio dessa bagunça que chamamos de viver, há outra coisa interessante: o Eu, ansiando por amor adicional como recompensa por suas renúncias, encontra orgulho na percepção de merecimento. Esse fenômeno decorre da persistência do Supereu em exercer funções paternas ao longo da vida, mantendo o Eu em uma posição submissa. Explico melhor: o Supereu é uma instância psíquica derivada do ideal de Eu, que está sempre controlando os nossos pensamentos e ações – *grosso modo*, ele é a mais pura consciência moral, resultante da resolução do complexo de Édipo.

Aqui, nos deparamos com o custo emocional que o sujeito paga por essas recompensas e o potencial aspecto destrutivo do amor. Esse amor fundamenta a renúncia à satisfação dos impulsos, motivada pelo medo de punição e culpa. O Eu, ao perceber a ira do Supereu como ameaça, responde com sinais de angústia. Há casos extremos, como na melancolia, em que os indivíduos sentem-se indignos de uma vida melhor. Outros, buscando uma espécie de posição de "santidade", renunciam a desejos, mas ainda assim se recriminam por não alcançarem tal estado. De forma paradoxal, a frustração constante aumenta as tentações, enquanto as satisfações ocasionais poderiam aliviar essa pressão, pelo menos temporariamente.

A ironia reside no fato de que, quanto mais o sujeito se priva dos seus próprios desejos, mais rigoroso e crítico se torna o Supereu. A agressividade contida aumenta a hostilidade do Supereu – como um círculo vicioso. Mesmo a má sorte é vista como resultado de falhas pessoais, gerando autorreprovação e imposição de penitências. É comum ouvir alguém lamentar após algum imprevisto ruim: "O que eu fiz para merecer isso?".

O oposto dessa dinâmica é conseguir livrar-se das amarras dos ideais, alcançando uma integração do Eu que possa, ao mesmo tempo, ser autossuficiente sem ser egoísta. Se tudo der certo, deixamos o posto de "vossa majestade, o bebê" e descobrimos que não somos a "última bolacha do pacote". É a partir desse *luto primário*[51] que aprendemos a lidar com a frustração. Assimilamos, assim, que nem tudo vai acontecer do nosso jeito, e que a vida precisa seguir mesmo quando não atingimos as imposições externas (e internas).

Acho pertinente, aqui, exemplificar essa teoria por meio de uma narrativa do cotidiano: estou viajando de férias e, ao chegar ao hotel, o recepcionista me avisa que o quarto que eu havia reservado está indisponível. Diante disso, eu tenho duas opções: 1) aceitar que terei que ficar em outra acomodação, apreciando – apesar do imprevisto – o restante da minha viagem; 2) brigar com a administração do hotel, exigir o quarto escolhido e, diante da confirmação de indisponibilidade,

---

51. Marion Minerbo, no seu belíssimo livro *Notas sobre a aptidão à felicidade* (publicado pela Editora Blucher, 2023), define de maneira precisa o que é o "luto primário": "[…] é o processo pelo qual conseguimos integrar psiquicamente a perda da posição subjetiva na qual eu pensava/sentia/agia como se eu fosse o centro do mundo: Sua Majestade, o Bebê. Essa vertente do luto diz respeito ao Eu, à perda de uma maneira de enxergar e interpretar a mim mesma. Sou especial, o mundo me deve" (p. 61). Ou seja, para alcançar a nossa maturidade psíquica é imprescindível superar o que Freud nomeou de "narcisismo primário".

passar a viagem inteira reclamando e lamentando o ocorrido – atitude que, certamente, vai me impedir de fruir desse momento. A primeira situação evidencia o funcionamento psíquico de alguém que conseguiu realizar o luto primário.

No poema "amava inventado", a minha paciente afirma:

"A

invenção do amor alado estava no topo

[...]
inventei um amor alado
unicórnio arco-íris voador purpurina
voei
num cavalinho magro que deixava pelo caminho
rastros restos secos de ontem"

Quando não conseguimos alcançar a capacidade de fazer o luto primário, seja por conta da ausência do objeto inicial, seja devido à sua presença em excesso, podemos nos manter presos a um determinado ideal – *"inventei um amor alado"*. Em contextos de ausências, esse ideal pode ser usado para preencher uma falta. Por outro lado, nos casos de excessos, esse ideal tende a ocupar um lugar de constância – tendo em vista o quão penoso é sair desse (suposto) estado de completude. O exagero de cuidado, de zelo, de preocupação pode nos sufocar. Lembremos que, muitas vezes, o controle vem disfarçado de amor. Todavia, o verdadeiro gesto de amar envolve exatamente o contrário: acolher a essência do outro, permitindo-lhe ser quem realmente é, enquanto simultaneamente cultivamos e expressamos a nossa própria singularidade.

Portanto, minha cara analisanda, você não precisa "aprender a falar francês" para ser amada. A beleza do amor habita a possibilidade de sermos nós mesmos (e isso é tão difícil, eu sei).

Acredito que você mesma tenha feito essa descoberta, pois, com astúcia, você me escreve:

"O ~~mar~~ amor
Só é bom quando a gente
Não se afoga nele."

O ato de amar demanda a saída de um lugar e a conquista de outro, desde que esse lugar não seja um presídio.

4

Ela percebe a patologia
do apaixonamento,
busca a cura...

[fantasma]

venho contar um segredo

fiquei apaixonada por um fantasma

a quem dei seu nome

nem sempre você foi fantasma, claro.

e quando você era corpo foi assim:

decidi ceder à vontade e me entreguei.
confusa e cheia de medos, abri a porta.
beijei você tremendo
abracei seu corpo sem reconhecer sua altura, seu
    peso, seu cheiro.
a novidade me fez vibrar.
beijei você tremendo e toda vez que não tinha
    assunto
foram muitas.

esqueci de mim e essa é a minha maior forma de
    descanso.

íamos embora e pedi mais um dois três beijos.

apressei-me em arrumar as coisas. a luz do dia estava clara demais e eu senti que precisava voltar rápido ao que era antes de não querer voltar mais. hoje me arrependo de não ter falado: vamos comer um pão. porque eu precisava ter visto seu corpo na luz do dia e procurando as chaves e o dinheiro. precisava ter visto para não achar que tudo seria sempre esse descanso.

entrei no carro e recebi:

quero mais

nesse momento eu não sabia se queria. pelo menos não sabia se queria com você. mas disse:

também quero

foi então que soube que estava disposta a deixar entrar qualquer pessoa que batesse à minha porta com o mínimo de delicadeza.

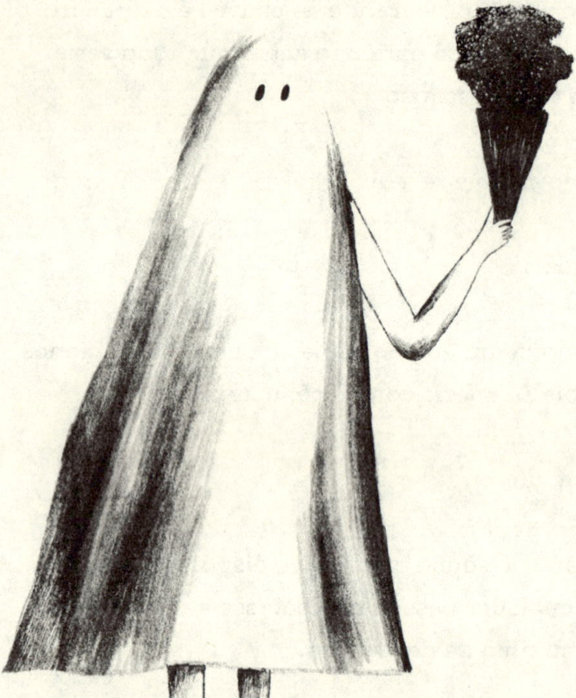

[desexisto]

para não sofrer
lembro que existo em mim
diferente do que existo em você

desexisto, logo
suporto que desista de mim

[escolha]

a
b
c
d
eu

múltiplas, eu sei.
mas, por favor, me escolha.

[assassino underground]

descobri, estudando filosofia,
que amar você assim
disforme assimétrico patologicamente
me mata
pois me tira
tênue sutil silenciosamente
a força faísca energia
que me impulsiona a vida

[hospedeira]

você em mim
esse vírus
sobrevivendo do que movo até você
hóspede inevitável
saltando catracas e muretas

estou apaixonada

eis a febre!

diagnosticada
inicio
o movimento de expulsar
a contração
o fluxo
o desapaixonamento parto
rasgo
arranco

hoje passei o dia de cama,
entendendo a lentidão do antídoto

eu sou o antídoto
eu e a fé no tempo e no corpo
eu tenho
eu sou a cura

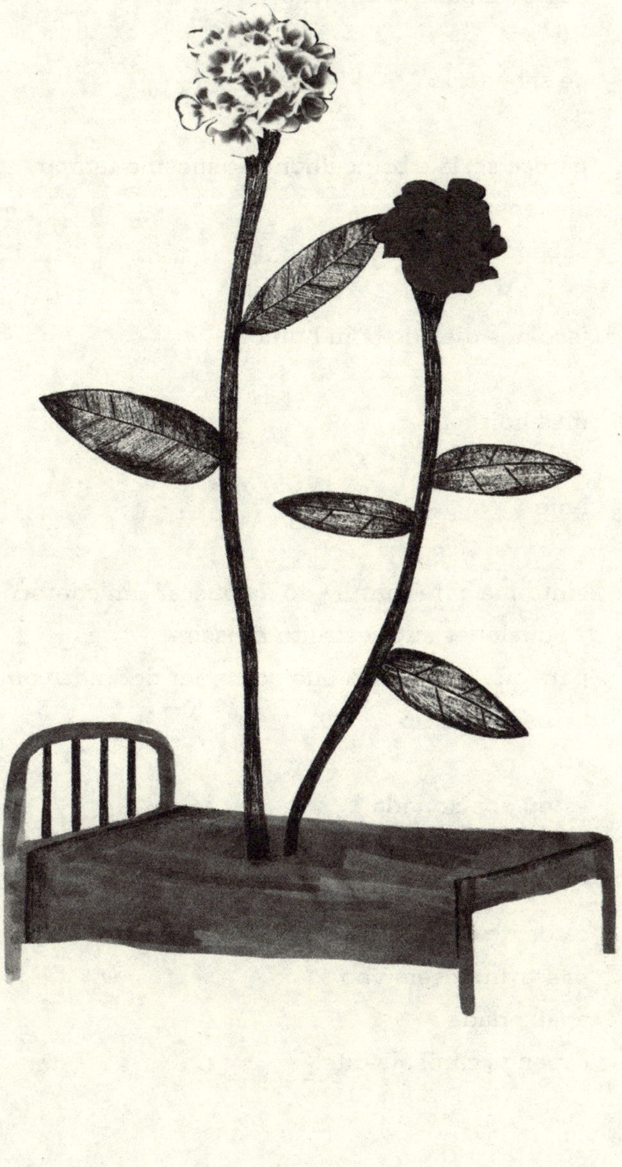

[humana]

gosto da palavra sapiens

de sabedoria

parece séria e brincalhona ao mesmo tempo
sapiens
sabedoria e sapinho

isso nos dias de bom humor

mas hoje

hoje

sinto-me com tontura só de buscar um contorno
    qualquer sutil estreito finíssimo
para qualquer coisa que possa ser definida como
    pensamento

estou apaixonada
escapando da minha cultura de catar galhos e
    construir ninhos em árvores muito altas
caída no chão
passarinha sem voo
apaixonada
capenga cambaleante

repetindo minha natureza de sempre querer viver o
    que não tenho
de querer nadar sendo ave
de querer voar sendo peixe

a paixão é a natureza
explosiva
muda o corpo noutro corpo
em dor de crescer e nascer asas mesmo que
    atrofiadas
explodida da patologia
da paixão e seus restinhos doloridos
agora te liberto

tome de volta o que é você!
já não preciso de seu nome
já não faço mais a confusão entre
minha sabedoria big bang
e seu mortal aglomerado de células

foi um equívoco
mas foi dele que saí
recortada

do corte, o espaço
do espaço,
expansão.

4.
Paixão:
cura ou adoecimento?

Taylor Swift, em sua música "Style", canta:

> E eu deveria te dizer para ir embora, pois eu
> Sei exatamente aonde isso vai parar, mas eu
> Assisto enquanto damos voltas e voltas […].[52]

A paixão envolve-nos de tal forma que, em seu redemoinho, nos "perdemos" em infindáveis giros, dando "voltas e voltas". Inegavelmente, ela tinge a vida com matizes mais vibrantes, enchendo os nossos dias de uma luz diferente. Contudo, conforme deslocamos toda a nossa atenção para o ser amado, começamos, gradativamente, a desviar o olhar de nós mesmos. Refiro-me a uma espécie de "equação matemática" da psique, na qual, quanto mais energia afetiva investimos nos outros, menos energia resta para nutrir o nosso próprio Eu – que, sem muitas alternativas, acaba por se empobrecer.

Percebo que a minha paciente experienciou esse fenômeno na própria carne, conforme podemos notar:

---

[52]. SWIFT, Taylor. Style. Faixa do álbum *1989*. Big Machine Records, 2014. (Tradução minha)

> "descobri, estudando filosofia,
> que amar você assim
> disforme assimétrico patologicamente
> me mata
> pois me tira
> tênue sutil silenciosamente
> a força faísca energia
> que me impulsiona a vida"

Portanto, a paixão, essa força que alimenta a alma e nos empurra para a frente, tem seu peso e sua medida. Mas não se engane: é preciso ter o couro grosso para as desilusões que ela traz. Vem um tempo em que os ideais, esses castelos que a gente constrói no ar, começam a rachar, a se desmanchar feito poeira ao vento. E aí, o que sobra? A dor. Ela se apossa do palco da vida, grande e imponente, enquanto toda aquela força, aquele querer que a gente pôs no outro, se esvai, se vai com ele, ou com o desfazer das ilusões.

Mas é justamente nessas fendas, naqueles momentos nos quais a existência parece um terreno árido e infértil, que, como a flor de Drummond,[53] brotamos do impossível. Surge, então, a necessidade de buscar forças, talvez de onde menos esperamos. A experiência do luto, dessa perda que tanto nos fere, pode, paradoxalmente, ser a fonte de uma nova inspiração, um combustível

---

53. Carlos Drummond de Andrade, em seu brilhante poema "A flor e a náusea", escreve: "Uma flor nasceu na rua!/ Passem de longe, bondes, ônibus, rio de aço do tráfego./ Uma flor ainda desbotada/ ilude a polícia, rompe o asfalto./ Façam completo silêncio, paralisem os negócios,/ garanto que uma flor nasceu".

inesperado para a liberdade. Assim, aprendemos, no silêncio dos nossos corações, a transformar a dor em uma alquimia sutil, que nos liberta e nos redefine – *"a força faísca energia que impulsiona a vida"*, como afirma a minha analisanda.

No auge do apaixonamento, o sujeito se encontra em meio a um turbilhão de emoções, tomado por um intenso desejo (inconsciente) de se mesclar, de se tornar um só com o seu objeto de amor. Nessa tempestade de sentimentos, há um estranho e embriagador esquecimento de si mesmo; uma suspensão temporária da própria identidade, que se rende, isto é, se *dissolve* na intensidade da paixão. Eis aí um momento de transcendência, no qual o Eu se perde para encontrar-se no outro, em um jogo misterioso de espelhos do coração.

Cecília, de algum modo, traduz esse afeto com a sua escrita:

"para não sofrer
lembro que existo em mim
diferente do que existo em você

desexisto, logo
suporto que desista de mim"

A psicanálise tem muito a dizer sobre as paixões. Não apenas Freud, mas outros autores se debruçaram sobre esse tema – ainda que indiretamente. Melanie Klein (1882-1960), por exemplo, tece contribuições essenciais sobre o mecanismo inconsciente de *idealização*. Para ela, esse recurso defensivo impede a entrada na "posição depressiva", impossibilitando o progresso do nosso amadurecimento.

Antes de mais nada, é preciso entender como essa psicanalista genial compreende o funcionamento do inconsciente.

Pois bem, o desenvolvimento psíquico, na perspectiva kleiniana, contrapõe-se às tradicionais "fases psicossexuais" freudianas, enfatizando uma dinâmica *oscilante* e não linear. Klein postula que, ao longo da existência humana, o indivíduo transita entre *duas posições distintas*. A primeira, denominada *posição esquizoparanoide*, caracteriza-se pela presença marcante dos impulsos de natureza destrutiva e por sentimentos de perseguição. A segunda, conhecida como *posição depressiva*, é marcada pela predominância de sentimentos de culpa, acompanhados por impulsos que almejam a reparação do objeto.

De acordo com Klein, desde os primeiros momentos de vida, o sujeito é acometido por uma intensa ansiedade de caráter persecutório, oriunda do instinto de morte. Tal instinto está atrelado à angústia inata, produzida no bebê, em virtude da perda do vínculo que ele possuía com a mãe; ou seja, após o parto, *o que era um, passa a ser dois*, e essa *cisão*, a princípio, é bastante dolorosa e angustiante. "Klein acredita na existência de um ego incipiente desde o nascimento, que sente a angústia, relaciona-se com um primeiro objeto (o seio) e realiza mecanismos de defesa arcaicos."[54]

---

54. BLEICHMAR, Norberto M. & BLEICHMAR, Celia L. *A psicanálise depois de Freud*. Porto Alegre: Artes Médicas, 1992.

O instinto de morte inato é, portanto, projetado no primeiro objeto externo: o seio da mãe.[55] Inicia-se, assim, a relação primitiva entre o ego e o objeto externo. Eis aqui uma grande confusão que muitas pessoas fazem ao entrar em contato com a teoria kleiniana: o seio materno (figura cuidadora) não é mau por natureza, ele é *percebido* como mau em decorrência da ação do instinto de morte do bebê.

Explico melhor: inicialmente, a criança não tem controle dos seus impulsos destrutivos; nesse momento do desenvolvimento ela é *dominada* por seus impulsos que buscam o alívio da tensão ocasionada pelo instinto destrutivo. Nesse sentido, o bebê é conduzido pela voracidade de *saciar* as suas necessidades fisiológicas, sem compreender que as suas ações podem causar dano àquilo que, mais tarde, ele entenderá como objeto externo.

Nos momentos em que o seio – ou mamadeira, vale lembrar – não atende às expectativas do bebê – como alimentá-lo em seus períodos de fome, por exemplo –, ele (o bebê) é acometido por um sentimento de raiva que visa à destruição do objeto frustrador. Dominado por esse instinto, todos os seus sentimentos agressivos são *projetados* para o objeto externo. Essa fúria, contudo, retorna ao bebê, causando-lhe uma angústia assombrosa e um medo intenso de ser destruído por aquele "seio mau".

---

55. A palavra "seio" representa, simbolicamente, a *totalidade de cuidados* que a criança recebe do meio cuidador; ou seja, pode se referir à presença do pai, da avó, do irmão etc.

Essas ansiedades serão responsáveis pelo surgimento dos *mecanismos de defesa primitivos* do sujeito, sendo um dos principais o processo de *cisão* do objeto, em bom e mau. A cisão (ou clivagem) é *extremamente necessária* para o desenvolvimento saudável do ego, pois a criança ainda não tem maturidade para lidar com a ambivalência. Dessa maneira, é preciso que ela construa, no interior do seu universo psíquico, esses dois objetos (mau e bom) para poder dar conta das experiências internas e externas.

Em resumo, o bebê projeta o que é mau (seu medo, angústias e frustrações) no único objeto que ele conhece: o seio (a figura materna), que é também, ao mesmo tempo, a sua fonte de nutrição e gratificação. Graças a esse jogo de projeções e introjeções, forma-se uma grande confusão mental no psiquismo da criança. *É por esse motivo que*, na posição esquizoparanoide, sujeito e objeto encontram-se *fusionados*, tendo em vista que ambos "se percebem" de maneira parcial.

Cecília compartilha esse estado fusional, ao confessar a sua paixão:

"você em mim
esse vírus
sobrevivendo do que movo até você
hóspede inevitável
saltando catracas e muretas

estou apaixonada"

Em contrapartida, a projeção dos sentimentos de amor é crucial para se obter, internamente, o objeto bom, ao mesmo tempo que a introjeção desse objeto estimula a projeção de bons sentimentos para o mundo externo. Assim, quanto mais projeções de amor e gratificação existirem, mais o objeto interno bom estará bem estabelecido no âmago do psiquismo – o que, obviamente, diminuirá os processos de cisão e o enfraquecimento do ego.

Portanto, a entrada na posição depressiva é essencial para que a criança *integre* os seus sentimentos (amor e ódio) e, posteriormente, desenvolva a sua capacidade simbólica, que resultará na apropriação da linguagem. Klein dirá que "os sentimentos de culpa, que ocasionalmente surgem em todos nós, têm raízes muito profundas na infância, e a tendência a fazer reparações desempenha um papel importante em nossas sublimações e relações de objeto".[56]

Ocorre que, durante o segundo trimestre do primeiro ano de vida do bebê, podemos notar algumas mudanças no seu desenvolvimento emocional, resultantes do processo de integração do ego: a criança começa a se *responsabilizar* pelos "danos" causados pela projeção dos seus impulsos destrutivos.[57] Mas como?

---

56. KLEIN, Melanie. Nosso mundo adulto e suas raízes na infância. In: _____. *Inveja e gratidão e outros trabalhos*. Rio de Janeiro: Imago, 1996, p. 289. (Obra original publicada em 1959)
57. É comum, inclusive, as mães afirmarem que nesse período os bebês ficam mais "tranquilos e dormem melhor", além de interagirem mais com os cuidadores. Essas são algumas características peculiares da posição depressiva.

Bom, isso acontece porque passa a existir uma percepção subjetiva de que aquele mesmo objeto odiado é também amado – responsável pelos cuidados do bebê. O progresso da integração conduz a estados transitórios, nos quais o ego sintetiza sentimentos de amor e impulsos destrutivos em relação a um único objeto (em primeiro lugar, o seio da mãe). Esse processo dá início a outros importantes passos no desenvolvimento do psiquismo.

Ao integrar o objeto externo, que antes era cindido em bom e mau, o indivíduo o percebe como um só; isto é, o mesmo objeto passa a possuir características boas e más. Tal percepção desencadeia uma série de sentimentos e ansiedades: surgem emoções dolorosas derivadas da angústia depressiva e da culpa. Com a ascendente integração do ego (e do reconhecimento da mãe como uma *pessoa total*), as vivências de ansiedade depressiva aumentam em frequência e duração.

Klein afirma ainda que, à medida que o objeto frustrador (mau) é sentido como um perseguidor aterrorizante – devido ao excesso das projeções –, o seio bom tende a se transformar em um seio "ideal" para proteger a criança dos seus objetos persecutórios, possibilitando, *em fantasia*, uma gratificação *ilimitada*, *imediata* e *permanente*. Surgem, então, sentimentos ligados a um objeto perfeito, sempre disponível. Estamos diante do mecanismo inconsciente da "idealização".

Tais aspectos são precisamente descritos por Cecília, no ápice de sua paixão:

"abracei seu corpo sem reconhecer sua altura, seu
  peso, seu cheiro.
a novidade me fez vibrar.
beijei você tremendo e toda vez que não tinha
  assunto
foram muitas.

[...]
foi então que soube que estava disposta a deixar
entrar qualquer pessoa que batesse à minha porta
com o mínimo de delicadeza."

O mecanismo de "gratificação alucinatória" pode nos ajudar a entender os modos pelos quais se dá o processo de *idealização* que nos faz, como no poema, "abraçar sem conhecer". Explico: na alucinação, o seio persecutório (mau) é mantido separado do seio ideal (perfeito), e a experiência de ser frustrado está isolada da de ser gratificado. Essa clivagem encontra-se ligada ao processo de *negação*, que, em sua forma mais extrema, corresponde ao aniquilamento de qualquer objeto ou situação frustrante – por isso, nesse estado, tendemos a aceitar tudo (e todos) que chegam a nós.

À proporção que vamos abandonando a idealização, vamos, igualmente, conseguindo lidar com a *ambivalência*. Isto é, percebemos que nem tudo é totalmente mau ou puramente bom. Existe um "meio-termo" que representa o *equilíbrio* das nossas relações com os outros. Trata-se, pois, de uma aptidão fundamental para encararmos as frustrações e também para deixarmos o estado fusional com o objeto. Lembremos que a fusão surge na ausência de integração do ego – na posição esquizoparanoide –, ou seja, por meio da cisão, sujeito e objeto se *misturam*.

A conquista da *posição depressiva* e a capacidade de lidar com a *ambivalência* são evidenciadas nos seguintes versos da minha paciente:

> "tome de volta o que é você!
> já não preciso de seu nome
> já não faço mais a confusão entre
> minha sabedoria big bang
> e seu mortal aglomerado de células"

Ao conseguir realizar a separação desse estado fusional, é possível olhar para si próprio e caminhar rumo à criatividade. Aqui, lembro-me de muitos artistas – escritores e compositores, principalmente – que transformam o fim de uma paixão em um elemento propício para a criação. Por exemplo, Annie Ernaux, uma grande escritora francesa – vencedora do Prêmio Nobel de Literatura (2022) –, define a paixão de modo visceral, após ela mesma passar por uma. Cito-a:

> Descobri do que podemos ser capazes, ou seja, de tudo: desejos sublimes ou mortais, falta de dignidade, crendices e condutas que eu julgava insensatas nos outros uma vez que eu própria não as havia experimentado. *Sem saber ele estreitou minha conexão com o mundo.*[58]

---

58. ERNAUX, Annie. *Paixão simples*. São Paulo: Fósforo, 2023, p. 60.

Quando afirma: "sem saber ele estreitou minha conexão com o mundo", Ernaux sugere uma sensação de gratidão não precisamente pelo amante, mas pela experiência de *apaixonamento* em si e as lições derivadas dela. Partindo dessa vivência extremamente intensa, a narradora se sente grata pela expansão de sua consciência e pela profunda conexão com a humanidade e o mundo, que essa paixão permitiu – sobretudo por meio da escrita como uma atividade simbólica.

Por fim, é possível presumir que a "cura" de uma paixão não é simplesmente o término do ardor amoroso, mas o crescimento pessoal e o *senso de si* que emergem dela. Essa compreensão apresenta uma visão detalhada da dinâmica do apaixonamento. Ela não é apenas uma emoção avassaladora. É, sim, um espaço em que as defesas psicológicas, as projeções e as fantasias intrapsíquicas se entrelaçam para criar uma trama dolorosa de desejo, esperança e, às vezes, ilusão.

Ouso dizer que Ernaux e Cecília capturam essa complexidade em suas narrativas.

Seguindo as ideias kleinianas, é com a chegada da posição depressiva que a "ficha cai" e, com isso, aprendemos que o choro, a solidão e o contato com nós mesmos são atitudes que simbolizam a *reconstrução* do Eu estilhaçado/ fusionado em virtude do apaixonamento.

É exatamente isso que podemos notar nas palavras de minha analisanda:

"hoje passei o dia de cama,
  entendendo a lentidão do antídoto

>   eu sou o antídoto
>   eu e a fé no tempo e no corpo
>   eu tenho
>   eu sou a cura"

Mais cedo ou mais tarde, cada um de nós se depara com o véu da tristeza, a névoa da apatia, a quietude da paralisação, a estagnação no limiar do tempo. Esses estados, tão frequentemente ocultos pelo manto do cotidiano, tocam o cerne da nossa existência, conduzindo-nos ao encontro do nosso Eu mais recôndito. Faço alusão a um lugar frequentemente ignorado ou mesmo repudiado pela sociedade, em sua busca incessante por uma positividade que, às vezes, soa mais nociva do que curativa. E, no momento em que emergimos desse abismo – como se despertássemos de um longo sono –, inalamos o oxigênio da liberdade, saboreando os frutos doces e amargos do amadurecimento.

O problema acontece quando a paixão, impulsionada pela idealização, se converte numa prisão, daquelas cujas portas, teimosas, não cedem. Rapidamente, somos engolidos pela escuridão de uma culpa que entorpece, nos roubando a vontade de seguir adiante. Eis a maior perda de não saber lidar com o que se foi – isto é, de não alcançar a posição depressiva. Afundamos em um desespero cortante, que se mostra em formas desastrosas, rasgando por dentro, deixando marcas que não se veem, mas que se sentem.

O tempo, com a sua passagem incansável; a esperança, essa companheira silenciosa; o corpo, com as suas memórias gravadas na pele; e a vivência de uma análise pessoal, momento em que nos tornamos os narradores de nossa própria história, são remédios para as cicatrizes da alma.

Afinal, nem todas as lágrimas que derramamos carregam a amargura do sofrimento. Existem aquelas, doces e purificantes, essenciais ao nosso florescer emocional.

Não por acaso, minha querida paciente, em seus momentos de introspecção, tece estes versos:

"a paixão é a natureza
explosiva
muda o corpo noutro corpo
em dor de crescer e nascer asas mesmo que
    atrofiadas
explodida da patologia
da paixão e seus restinhos doloridos
agora te liberto"

Longe de concluir, deixo vocês refletindo com as belas palavras de Annie Ernaux:

Quando eu era criança, o maior luxo para mim eram os casacos de pele, os vestidos longos e as mansões à beira-mar. Mais tarde, passei a achar que o luxo era ter uma vida intelectual. Agora me parece que é também a chance de viver uma paixão, por um homem ou por uma mulher.[59]

---

59. Ibidem, p. 61.

Paixão
é um amor
que tomou muito café.

@lianaferraz

5

Ela se apaixona
pela primeira vez
depois de muito tempo

[beijo desconfiado]

quando cheguei devagar no seu beijo
estava com um olho aberto e outro fechado:

o fechado se entrega, sentindo o líquido
o aberto desconfia, lembrando o passado.

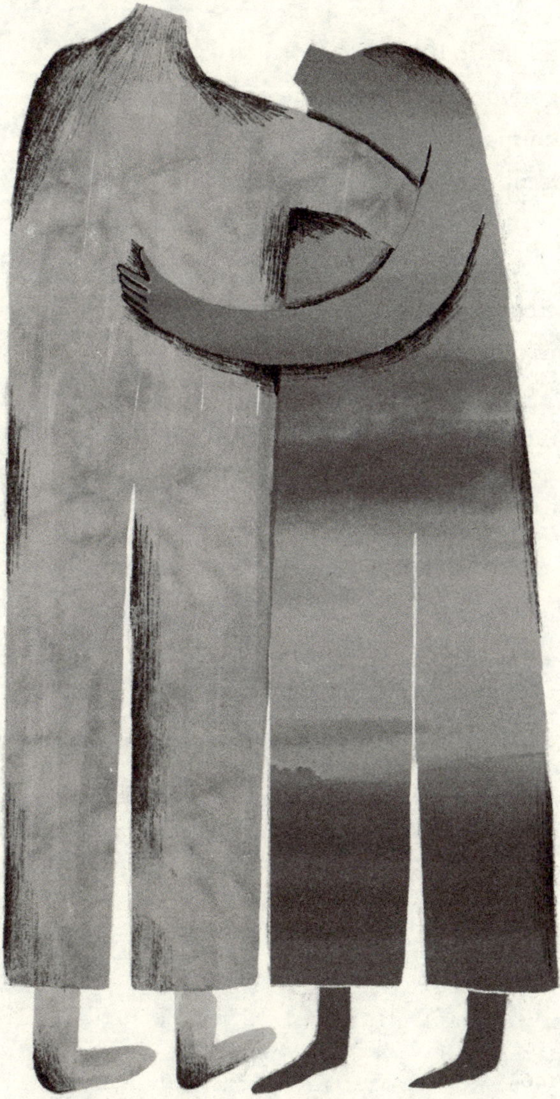

[crônica caroço]

nunca havia chupado o caroço da manga
os fiapos me incomodavam
desorganização atrapalha o gosto e a suculência

antes do lixo
convocada pela manga
chupei
lambuzar-se é pornográfico

incomodada com o melado na boca e nos dedos
e com os fiapos nos dentes
não pretendo repetir o feito

imaginar é meu erótico preferido

[confusão]

você me confunde
me dá ilusão
de fusão

me dá a pequena bocada do infinito
uma degustação da plenitude
um canapé do corpo-alma em perfeito encaixe

gole golinho gota
da sensação de que eu e você
somos um

sei que é mentira
já li os livros certos

silêncio!
não me tirem a mentira agora

mais um pouco, por favor.

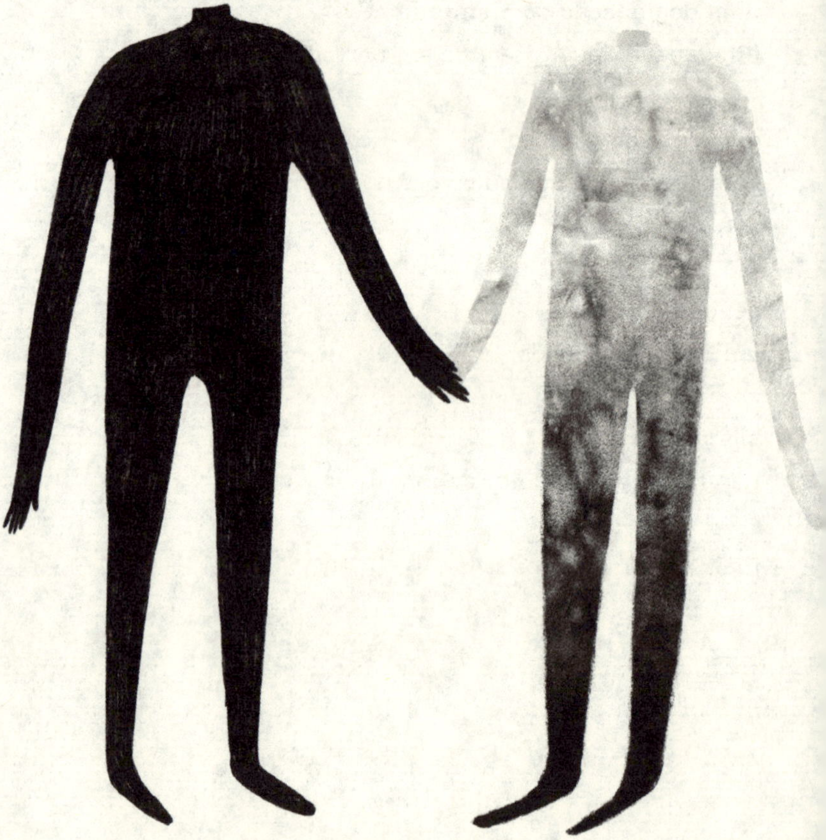

[mentirinha]

quero te amar
como se não soubesse
tudo o que sei
e sobrasse apenas
aquela tolice
que hoje chamo tolice
mas já chamei de
felicidade

[eu e minha esperança devastadora.pandora]

amanhã, Chico, vai ser outro dia?
ou esse é mais um verso que inventaram para me
    manter aqui?

comigo ninguém pode
a gente é diferente
eu, você, nós dois.

todas as músicas e os filmes e os quadros de beijo
são meus e seus e não
daquela multidão
de pessoas que, voltando da trilha, avisam:
são buracos e perigos e animais peçonhentos esse
    caminho!

eu recuso a verdade
você finge comigo
juramos de pé junto e de mãos dadas que
nosso amor
vai dar pé

rejuvenesço
estou adolescente
não sei mais nada
não fiz análise
nem li todos aqueles romances contemporâneos
já comprei nosso porta-retrato

já temos um cachorro

tudo isso
só porque você me enviou de volta
um coração desenhado numa tela

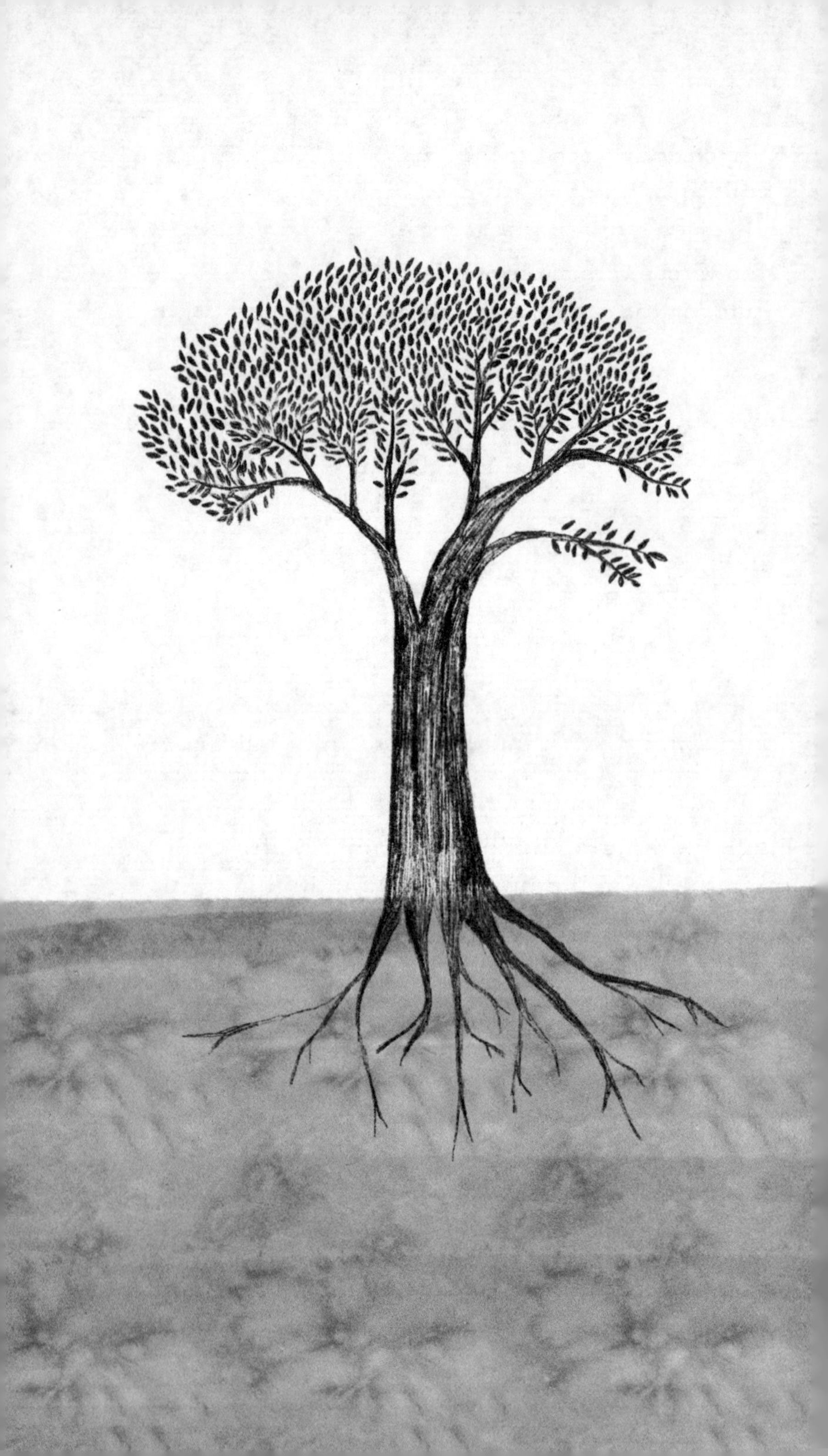

[artesã do brinquedo mágico]

suponho que você sabe as respostas
e brinco de achar em você as soluções

brinco de vasculhar seu corpo
brinco de vasculhar meu corpo em você
imagino sonho
amo que me apazigue das dúvidas um pouco
sinto que tenho no seu abraço
o território protegido
escondido
onde a morte não acha
esconde-esconde
a gente finge que achou o pique

invento bem direitinho
convenço meu corpo minha alma e minha
    matemática
de que a felicidade é um privilégio nosso e só nosso
e que todas as outras pessoas são tristes menos
    nós

você
brinquedo que não quebra

eu
dona do material

da ideia
do manual

você
é coisa minha

5.
O amor em um estado mais maduro:
a beleza da transicionalidade

Uma das maiores lendas da literatura brasileira, Lygia Fagundes Telles, escreveu:

> Com sua disciplina indisciplinada, os amantes são seres diferentes e o ser diferente é excluído porque vira desafio, ameaça. Se o amor na sua doação absoluta os faz mais frágeis, ao mesmo tempo os protege como uma armadura. Os apaixonados voltaram ao Jardim do Paraíso, provaram da Árvore do Conhecimento e agora sabem.[60]

Lançar-se nas teias da paixão – como vimos no capítulo anterior – é ter a bravura de se atirar no penhasco do desconhecido, na trama incerta do que não se pode prever.

Após repetidas feridas, percebo que a minha paciente decidiu investir nessa empreitada. Sabemos que se relacionar com alguém requer a disposição para suportar o peso da desilusão. Contudo, se fugimos da capacidade de nos apaixonar, resignamo-nos às penas da solidão –

---

60. TELLES, Lygia F. *A disciplina do amor*. São Paulo: Companhia das Letras, 2010. *E-book*.

um sentimento que, em suas horas mais amargas, pode ser tão ou mais insuportável que o amor.

Em suma, amar alguém *não* nos protege do isolamento. Prefiro cogitar uma espécie de solidão compartilhada. Talvez por isso a minha querida amiga psicanalista Ana Suy (2022) tenha escrito no seu belíssimo *A gente mira no amor e acerta na solidão*: "Sempre amamos sozinhos, pois cada um ama a seu próprio modo, cada um ama com sua história, com seu sintoma, com suas perebas psíquicas, com seus perrengues transgeracionais. No amor a gente sempre comparece com a gente mesmo".[61]

A beleza contraditória desse afeto é nítida nos versos de Cecília:

"estava com um olho aberto e outro fechado:

o fechado se entrega, sentindo o líquido
o aberto desconfia, lembrando o passado."

Essas palavras evocam a dualidade inerente ao amor: a entrega e a cautela, o mergulho nas profundezas do sentir e o receio que vem das cicatrizes do passado. Cecília decide, então, arriscar-se nessa dualidade, buscando o equilíbrio que pode existir entre abrir-se para o novo e proteger-se dos fantasmas antigos. É em meio a esse compasso desordenado que se desenrola a complexa

---

61. SUY, Ana. *A gente mira no amor e acerta na solidão*. São Paulo: Paidós, 2022, p. 22.

coreografia do amar – que, por sinal, a gente se atrapalha todo para aprender (se é que um dia aprendemos...).

Penso também que é nesse ínterim que a solidão a dois, mencionada por Ana Suy, se apresenta como uma realidade inescapável. A psicanálise mostra que, mesmo na mais íntima das relações, cada pessoa permanece isolada em seu próprio universo psíquico. Compartilhamos a vida, os sonhos, até o leito, mas nossas lutas internas são travadas em silêncio, longe dos olhos do outro. Compartilhamos, sobretudo, o encontro de "solidões" – desde que saibamos habitá-las.

Bom, mas o que quero dizer com isso?

No meu ponto de vista, o melhor amor é aquele que podemos vivenciar com maturidade – independentemente do seu tempo de duração. Aliás, foi Vinicius de Moraes quem escreveu: "Que não seja imortal, posto que é chama. Mas que seja infinito enquanto dure".[62]

Isto é: quando o tempo e os dissabores da vida moldam o ser, o amor – vivido com a sabedoria dos anos – ganha outra feição. Não é mais aquele arrebatamento juvenil, cheio de ímpetos e tormentas, mas um sentimento que se alicerça no amadurecimento, como uma árvore que finca suas raízes profundas na terra seca.

A maturidade ensina o valor da paciência, da compreensão. Nesse amor amadurecido, os olhares trocados carregam a serenidade dos que conhecem a impermanência das coisas, dos que aprenderam a navegar nas águas tranquilas da tolerância e do respeito mútuo.

---

62. MORAES, Vinicius. *Soneto de fidelidade*. Disponível em: https://www.viniciusdemoraes.com.br/pt-br/poesia/poesias-avulsas/soneto-de-fidelidade.

As palavras, assim, são medidas; não mais lançadas ao vento em rajadas de paixão, mas pensadas com o peso da experiência e da consideração.

Quando alcançamos esse "nível", o amor não é mais uma fuga infantil, não é uma busca desesperada por completude no outro, tampouco refere-se ao desejo incondicional de fusão. Ele se torna um encontro de almas que já percorreram longos caminhos, que já sofreram, já se perderam e se encontraram, e agora buscam um porto seguro um no outro – não para ancorar permanentemente, mas para partilhar os novos trajetos que se apresentam com a chegada da intimidade.

Contudo, nas recorrentes tentativas de fuga das garras do sofrimento, caímos em armadilhas inconscientes, buscando um refúgio das realidades cortantes. A angústia, finamente entrelaçada no poema "crônica caroço" de Cecília, revela a amargura da ressaca emocional que se acomoda em nós, após cedermos aos nossos impulsos:

"Nunca havia chupado o caroço da manga
os fiapos me incomodavam
desorganização atrapalha o gosto e a suculência

[...]

incomodada com o melado na boca e nos dedos
e com os fiapos nos dentes
não pretendo repetir o feito

imaginar é meu erótico preferido."

Nessa experiência compartilhada pela minha paciente, descortina-se um drama universal: a luta entre o desejo e a autopreservação, frequentemente seguida por um oceano de culpa. A vontade de experimentar o desconhecido, de mergulhar no doce e desconcertante sabor da vida, colide com a necessidade de manter a ordem, a limpeza e o controle.

Como Cecília, muitos de nós vivenciamos esse dilema. A sedução do desconhecido nos chama, mas o medo do caos, do desarranjo, nos refreia. E, quando cedemos, mesmo que por um instante, ao impulso de saborear a vida em sua plenitude caótica, somos logo atingidos pelo desconforto dos resquícios dessa ousadia – *"o melado na boca e nos dedos e com os fiapos nos dentes"*. Estamos perante um retrato fiel da natureza humana: esse constante balanço entre o libertar-se e o proteger-se.

Portanto, no amor maduro, há menos tempestades, menos dramas, mas uma sabedoria que só pode ser alcançada quando se tem a sensatez que só os anos podem trazer. Refiro-me a um amor que sabe que o tempo é valioso, e por isso cada momento partilhado é um tesouro, um pedaço de vida que se guarda não nas páginas de um diário adolescente, mas no fundo da alma, onde as verdadeiras riquezas deveriam ser abrigadas.

Nesse sentido, o objetivo de qualquer tratamento psicanalítico não é o de "ensinar" o analisando a amar. Pelo contrário, uma psicanálise não se propõe a ensinar nada. Ela simplesmente coloca o sujeito diante dele mesmo e, nas ocasiões em que ainda não há um Eu integrado, ela auxilia nesse processo de *integração*, por meio de uma escuta implicada, norteada pelo cuidado e pela empatia.

Aqui, recorro às ideias do pediatra e psicanalista britânico Donald W. Winnicott. Ele foi o grande *precursor* em considerar a importância do ambiente como um recurso indispensável ao desenvolvimento individual – embora Freud e Klein, nas suas concepções próprias, nunca tenham desprezado esse elemento em suas descobertas. No entanto, o que diferencia o autor inglês desses dois últimos é o *peso* que ele atribui ao fator ambiental. Sua obra, de modo geral, proporcionou uma renovação significativa nas maneiras de compreender a essência do ser humano e, também, de praticar a clínica psicanalítica.

Por mais que a finalidade deste livro não seja a de propor uma imersão teórica, acredito que se faça essencial explicar aos leitores as bases do pensamento winnicottiano. Em síntese, podemos dizer que Winnicott centrou seus esforços para descrever como o ser humano progride da sua situação inicial – em que predomina a imaturidade, sendo *totalmente dependente* do meio e, portanto, um ser *não integrado* – para as diversas integrações que vão ocorrer ao longo da sua existência. Esse processo caminha, gradualmente, até que o bebê possa chegar à diferenciação entre mundo externo e interno, conquistando uma unidade individual e diferenciando o Eu do não Eu. Para Winnicott, o estágio inicial da vida é um período extremamente delicado.

Logo, a mãe – ou a pessoa que ocupa esse lugar – é responsável por apresentar a realidade ao bebê em pequenas doses, sustentando o seu sentimento de *onipotência* inicial (criatividade primária), que assegura uma sensação temporária de *ilusão*. Isto é, no começo da vida, tudo aquilo que satisfaz a necessidade do bebê é percebido como algo criado pela única coisa que existe: *ele mesmo*.

Sintetizando: de acordo com a teoria winnicottiana, chegamos ao mundo em uma condição de "dependência absoluta", conquistamos uma "dependência relativa" e caminhamos "rumo à independência" – tudo isso se desenrola em contextos *favoráveis*. Aqui é necessário registrar uma importante observação: essas fases são consideradas uma *linha geral* para caracterizar toda a existência humana, "estendendo-se para um modo de ser-no-mundo que oscila entre a autonomia e a dependência".[63] No ensaio intitulado "O conceito de indivíduo saudável" (1967), é o próprio Winnicott quem nos alerta:

> A maturidade individual implica movimento em direção à independência, mas não existe essa coisa chamada "independência". Seria nocivo para a saúde o fato de um indivíduo ficar isolado a ponto de se sentir independente e invulnerável. Se essa pessoa está viva, sem dúvida há dependência![64]

Não obstante, a divisão do desenvolvimento humano em etapas claras e distintas corresponde a um método,

---

63. FULGENCIO, Leopoldo. *Psicanálise do ser: a teoria winnicottiana do desenvolvimento emocional como uma psicologia de base fenomenológica*. São Paulo: Edusp, 2020, p. 100.
64. WINNICOTT, Donald W. O conceito de indivíduo saudável. In: _____. *Tudo começa em casa*. São Paulo: Ubu, 2021, pp. 21-22. (Trabalho original publicado em 1967)

que tem como intuito apresentar de *maneira pedagógica* as definições provenientes desse estudo. Logo, "a dissecação das etapas do desenvolvimento é um procedimento *extremamente artificial*. Na verdade, a criança está o tempo todo em todos os estágios, apesar de que um determinado estágio possa ser considerado dominante".[65] Na saúde, "as pessoas não têm só sua própria idade; em alguma medida, *elas têm todas as idades, ou nenhuma*".[66]

Neste ponto, apelo à delicadeza ímpar, presente na escrita do filósofo Zeljko Loparic – um dos maiores pesquisadores de Winnicott do mundo. Vejamos:

> Assim, *há sempre uma loucura do bebê no adulto sadio*. [...] A estrutura da personalidade do indivíduo winnicottiano que amadurece de modo sadio inclui a relação com o passado, o presente e o futuro, portanto, isto é, com o todo do tempo. [...] A concomitância dos estágios se deve, em parte, ao fato de as tarefas iniciais de amadurecimento nunca serem completadas e de suas aquisições maturacionais serem instáveis.[67]

Para Winnicott: "Cada estágio no desenvolvimento é alcançado e perdido, alcançado e perdido de novo, e mais uma vez: a superação dos estágios do desenvolvimento só se transforma em fato muito gradualmente,

---

[65]. WINNICOTT, Donald W. *Natureza humana*. Rio de Janeiro: Imago, 1990, p. 52, grifos meus. (Trabalho original publicado em 1988)

[66]. WINNICOTT, Donald W. Agressividade, culpa e reparação. In: _____. *Tudo começa em casa*. São Paulo: Ubu, 2021, p. 95, grifos meus. (Trabalho original publicado em 1960)

[67]. LOPARIC, Zeljko. Temporalidade e regressão. *Winnicott e-Prints*, v. 9, n. 2, p. 13, 2014, grifos meus.

e mesmo assim apenas sob determinadas condições".[68] Embora tais condições deixem de ser vitais com o passar do tempo, elas *nunca* perdem a sua importância.

Nesse caminho do desenvolvimento humano, traçado por Winnicott, percebemos que a existência não é uma reta, mas um emaranhado de idas e vindas, em que cada fase é vivida, perdida e reencontrada. No seio desse processo, a psicanálise surge como uma ferramenta fundamental. Ou seja, ela pode ser interpretada como um instrumento que permite ao indivíduo revisitar esses estágios, enfrentar regressões necessárias e, através delas, alcançar uma maturidade mais plena.

A regressão em análise, sob essa ótica, não é um retrocesso, mas uma necessidade de revisitar as raízes, de compreender e integrar experiências passadas ao presente. Esse retorno psíquico ao passado, amparado pelo psicanalista, permite ao indivíduo encarar os traumas e ressignificar as experiências, pavimentando a passagem para uma relação mais saudável consigo mesmo e com o mundo ao seu redor.

O amadurecimento, nesse sentido, é atingido não apenas pelo avanço cronológico, mas pela capacidade de integrar e aceitar todas as idades que habitam dentro de nós – a inocência da infância, as turbulências da juventude, a serenidade da idade adulta. É entender que a independência não é um estado de isolamento, mas a habilidade de *estar em relação* com os

---

68. WINNICOTT, Donald W. *Natureza humana*. Rio de Janeiro: Imago, 1990, p. 55, grifos meus. (Trabalho original publicado em 1988)

outros, reconhecendo a interdependência que constitui a nossa essência.

Percebo essa conquista em Cecília, ao admitir que pretende experienciar a sua própria ilusão:

"sei que é mentira
já li os livros certos

silêncio!
não me tirem a mentira agora

mais um pouco, por favor."

Conseguem identificar o teor de maturidade impresso nesses versos? Parece algo bem simples, mas, diferentemente das ocasiões em que estava mais frágil – completamente fusionada ao outro –, a minha analisanda reconhece, agora, os riscos da ilusão, e, mesmo assim, *escolhe* vivê-la – *"não me tirem a mentira agora"*. É isso que precisa ficar claro quando se trata de uma análise: uma coisa é sermos arrastados pelo inconsciente; outra coisa é podermos decidir sobre as nossas experiências.

As palavras de Cecília, soando quase como um sussurro confessional, ecoam a maturidade de alguém que, conhecendo a verdade, ainda se permite o deleite de uma doce ilusão. Distante de outrora, quando se deixava arrastar pelas marés do amor sem leme ou direção, agora há uma escolha consciente. Ela reconhece o terreno movediço sob seus pés, mas opta por permanecer nele um pouco mais, ciente de sua realidade.

Para mim, a sua escolha de se deixar envolver pela ilusão, por um momento, não é um sinal de fraqueza, mas de força. Uma força que vem da consciência de si, do conhecimento de suas próprias fraquezas e desejos. Afinal, a vida nua e crua é dura demais para ser encarada. Poder habitar a fantasia é uma aptidão extremamente necessária à nossa sanidade mental.

Em outro poema, a minha querida analisanda afirma:

"invento bem direitinho
convenço meu corpo minha alma e minha
   matemática
de que a felicidade é um privilégio nosso e só nosso
e que todas as outras pessoas são tristes menos
   nós"

Saliento: esse fantasiar lúdico se distancia da idealização patológica. Portanto, para amar e se relacionar com maturidade, é necessário acolher a complexidade do nosso ser, reconhecendo que dentro de cada adulto ainda vive um bebê, com suas necessidades e inseguranças. A psicanálise winnicottiana nos ensina a abraçar essa *multiplicidade*, a encontrar equilíbrio entre as várias idades que nos compõem. Só então, livre das ilusões de uma independência absoluta, o indivíduo pode se entregar ao amor e às relações de maneira integral – vivenciando a beleza e a força que reside nos laços humanos.

Pois bem, finalmente, depois de um período tomada pela confusão emocional, noto que Cecília alcançou um grau de maturidade *suficiente* para se relacionar com o outro sem se misturar. Dito de outra forma, ela está pronta para se permitir *brincar*. Acompanhemos o seguinte recorte:

> "brinco de vasculhar seu corpo
> brinco de vasculhar meu corpo em você
> imagino sonho"

Gosto de pensar em uma metáfora: a relação amorosa como sendo uma grande brincadeira, no sentido winnicottiano do termo. Explico-me: no livro *O brincar e a realidade*, Winnicott afirma que "a brincadeira que é universal e que pertence ao âmbito da saúde; [...] promove o crescimento e, portanto, a saúde; brincar leva aos relacionamentos de grupo; brincar pode ser uma forma de comunicação na psicoterapia".[69]

Considera-se fundamental, na teoria winnicottiana, a criatividade primária como elemento indispensável para o florescimento da capacidade lúdica. A partir disso, surge então a necessidade de localizar o ato de brincar em um espaço em que tal atividade seja possível. De acordo com Winnicott, o brincar ocupa um território que não pertence nem à realidade externa nem à interna, mas situa-se em um limiar entre ambos, que o autor denomina de "área transicional".

O pediatra inglês acreditava que todo ser humano, uma vez constituído como unidade, possui um mundo interno, que pode ser tanto rico quanto pobre. Entretanto, ele defendeu que, além da dualidade entre o

---

69. WINNICOTT, Donald W. *O brincar e a realidade.* São Paulo: Ubu, 2019, p. 74. (Trabalho original publicado em 1971)

mundo interno e a realidade externa, existe uma *terceira dimensão*, uma área de experimentação alimentada tanto pela realidade subjetiva quanto pela experiência objetiva. O brincar desenvolve-se em um "espaço potencial", uma zona limítrofe, em que coexistem a dimensão subjetiva e a objetividade do mundo, preservando e equilibrando ambos.

No início da vida, o enfrentamento com o não Eu, ou o meio exterior, gera ansiedade, demandando o desenvolvimento de estratégias para lidar com tal realidade. Um desses mecanismos é a capacidade de brincar, emergindo da criação de objetos e das experiências transicionais. "Pode-se dizer do objeto transicional que existe um acordo entre nós e o bebê, de que nunca faremos a pergunta: 'Você criou isso ou apresentaram isso para você a partir do exterior?'."[70]

O objeto transicional se "materializa" na forma de um ursinho, um boneco, uma fronha, um lençol etc. – ou uma canção, uma repetição rítmica e um gesto, quando consiste em um fenômeno –, e tende a sofrer um "desinvestimento" gradual, não sendo necessariamente esquecido, "mas relegado ao limbo".[71] Com isso, Winnicott quer nos dizer que, em condições saudáveis, "o objeto transicional não 'vai para dentro' nem o sentimento em relação a esse objeto é necessariamente reprimido. Ele não é esquecido, mas sua ausência também não é lamentada".[72]

---

70. Ibidem, p. 31, grifos originais.
71. Ibidem, p. 20.
72. Ibidem.

À guisa de exemplo, recordo-me de um rosário que ganhei de minha avó materna, quando eu ainda era pequeno, cuja "companhia" sempre utilizava para dormir. Até hoje, quando vou viajar de avião, tenho o costume de enrolar esse objeto de *valor afetivo* entre as mãos – gesto que aparentemente me traz mais *tranquilidade*.[73]

Para Winnicott, contudo, o conceito de transicionalidade não se refere simplesmente ao objeto ou a um fenômeno em si, mas à natureza de seu uso. Trata-se de um *intermediário* entre o mundo interno do bebê e o mundo externo recém-descoberto, sem pertencer de maneira objetiva a qualquer um deles. O objeto transicional auxilia, assim, na harmonização dos aspectos conflitantes, permitindo ao bebê explorar novas realidades sem um excesso de tensão que poderia romper esse processo de amadurecimento emocional.

O ato de brincar, nesses moldes, torna-se um veículo para a integração de aspectos dissociados no indivíduo, permitindo que ele viva o seu verdadeiro self, desfrutando da riqueza oriunda da espontaneidade e da criatividade. Isso elucida a afirmação de Winnicott de que é somente através do brincar que o indivíduo pode usufruir plenamente de sua personalidade. Essa compreensão também fundamenta a necessidade de o indivíduo ser capaz de brincar durante o processo analítico.

---

73. Ao leitor interessado, recomendo a leitura do capítulo 1 do meu livro *Por uma ética do cuidado: Winnicott para educadores e psicanalistas, v. 2*, publicado pela Editora Blucher (2023).

Coincidentemente ou não, Cecília chama o seu último poema – dessa sessão – de "artesã do brinquedo mágico". Reproduzo um excerto a seguir:

"você
brinquedo que não quebra

eu
dona do material
da ideia
do manual

você
é coisa minha"

Nesses versos, há uma ressonância profunda com o pensamento winnicottiano. Cecília, na figura de artesã, manipula e domina o material de sua existência, numa alusão ao brincar que Winnicott preconiza. Estamos diante de uma representação poética da força do brincar na formação do self, na qual o indivíduo se torna senhor de sua narrativa, explorando a realidade interna e externa, tecendo a própria existência com as mãos da imaginação, da criatividade e da consciência. E assim, na simplicidade complexa de sua poesia, Cecília espelha o caminho para a integridade do ser: a arte de construir e reconstruir o próprio mundo, brinquedo por brinquedo, palavra por palavra.

Eis aí a beleza lúdica de uma análise (e da vida).

[pausa]

Sugiro que na saúde há um núcleo da personalidade que corresponde ao self verdadeiro da personalidade cindida; sugiro que esse núcleo nunca se comunica com o mundo dos objetos percebidos, e que a pessoa percebe que esse núcleo nunca deve se comunicar com a realidade externa nem ser influenciado por ela. Esse é meu ponto principal, o ponto do pensamento que é o centro de todo um mundo intelectual e deste estudo. Embora as pessoas saudáveis se comuniquem e gostem de se comunicar, o outro fato é igualmente verdadeiro: *cada indivíduo é um ser isolado, permanentemente sem se comunicar, permanentemente desconhecido, na realidade nunca encontrado.*[74]

---

74. WINNICOTT, Donald W. Comunicação e falta de comunicação levando ao estudo de certos opostos. In: _____. *Processos de amadurecimento e ambiente facilitador.* São Paulo: Ubu, 2022, p. 240, grifos originais. (Obra original publicada em 1963)

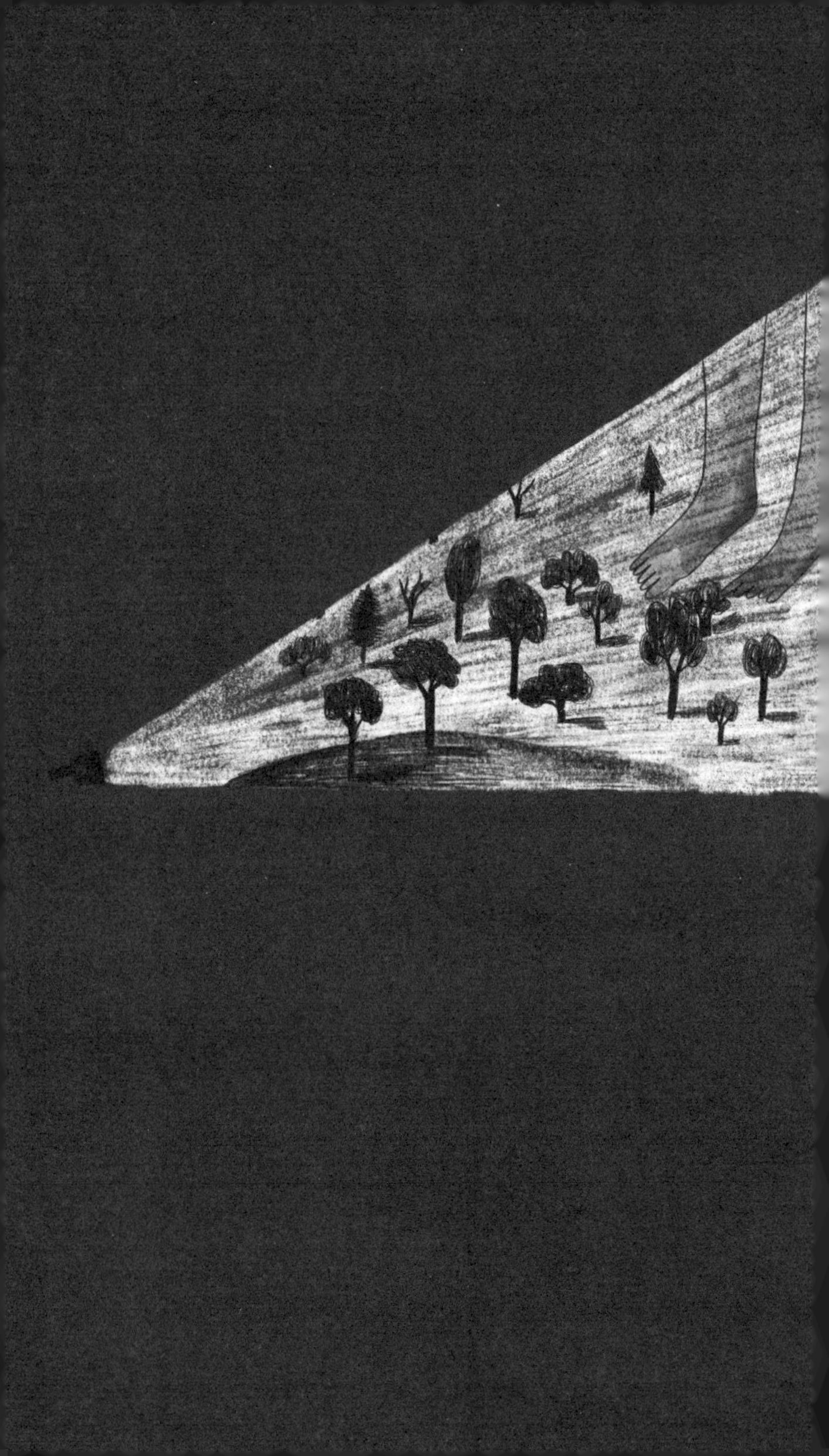

[não quero falar]

hoje estou distraída e não quero falar

recolhi cuidadosamente as questões
embaixo do tapete hoje, pode ser?

eu, o amor, a solidão, meus pais, minha infância
estamos todos brincando de cabaninha na sala
acendo uma lanterna só para dizer

shhhhhhhhiu

apago

estamos escondidos
apertados
sinto algum desconforto, mas
acomodo-me
no colo e no
medinho

a cabaninha caiu

desmontou

mesmo assim não quero falar

saímos todos pela casa vestindo lençóis do
desabamento
como fantasmas nos desenhos animados bobos

buuuuuuu

mesmo assim
hoje prefiro a fantasia
o fantasma
o vaga-lume breve da lanterna
acendendo um pouco o passado
mas não muito
não muito
por favor
não muito

shhhhhhhhiiiiiiuuuuu

hoje não quero falar

6

Ela sente o chamado
do corpo, a faísca,
o impulso e o desejo

[corpo quebrado]

de todas as coisas que sinto que me faltam
a que mais me machuca é o corpo

o pensamento, organizando palavrinhas conceitos
 respostas
a mente, essa tirana, com seus mapas estelares de
 causas consequências etc.
a fala, a voz levitando novidades encontradas nas
 memórias fotografias cicatrizes

mas o corpo...

o corpo desaprendeu, acho.
o corpo quebrou em algum lugar
quebrou num lugar sem palavra

como numa estrada madrugada sem luz nem sinal
 nem placa
quebrado num lugar minúsculo, mas nevrálgico,
 elementar, nuclear
um coração de inseto
um átomo de coração
um pedaço que
secretamente
é a peça de bater certo a bomba dos amores das
 paixões das vontades

sinto meu corpo quebrado
incapaz de um abraço seu
tenso reticente violentado
apavorado

sinto meu corpo todo recolhido num canto da pele
esvaziando todos os lugares onde sou tocada
deixando uma camada fina e oca onde ecoam as
    palavras:

qual o seu problema?
onde você está?
para onde você foi?

vasculho inutilmente os manuais modernos de
    consertos psiques conceitos sei lá o quê

acende breve uma luz bem suave:

talvez você devesse dançar um pouco

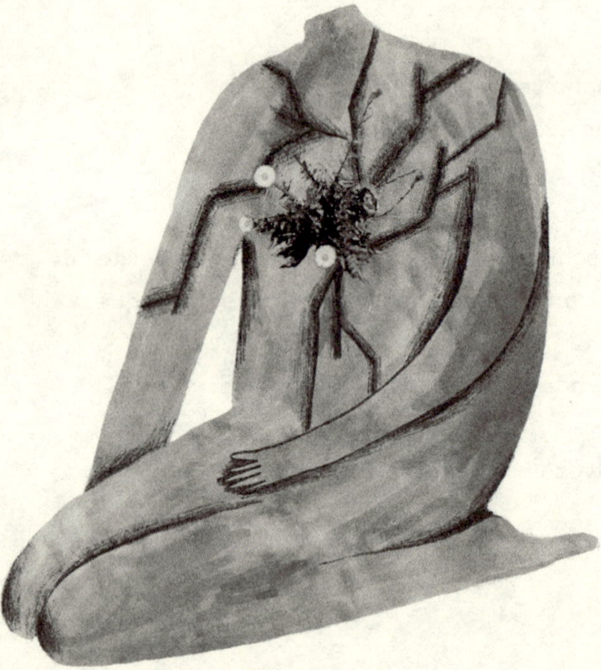

[em caso de emergência]

Puxo a vida pelos pedacinhos que me aparecem

Pontas de fio infinito de me enrolar
às vezes forca, às vezes casulo.
O fio de vida que escapa
fresta de vento
líquido caminho beijo pontudo.

Um fio que se apresenta:

Puxe-me!
eu puxo.

[do renascimento do desejo]

Escorre meu desejo renasce morde como bicho esse
    animal morto quase tanto tempo aqui
dentro
Esse bicho solto grunhido arranha forte de dentro
    do estômago arranha sangra arranha víscera
esse desejo que escorre antes morto agora seiva
    esse desejo órgão que pulsa

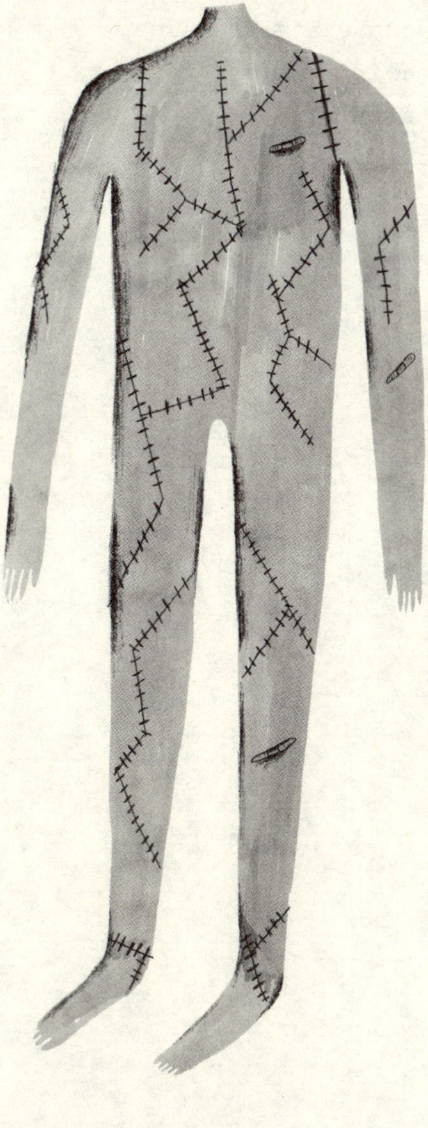

[ato]

Mais do que ser
Quero acontecer
Acontecer tanto e tão repetidamente
Acontecer tanto e tão suavemente
Que, por ação continuada,
Teça corpo e sonho
Teça vida e nada

6.
A chama da vida
e a construção do corpo falado

Rupi Kaur, uma das minhas poetas preferidas da atualidade, escreveu em seu livro *Meu corpo minha casa*:

> minha mente
> meu corpo
> e eu
> moramos no mesmo lugar
> mas às vezes parece
> que somos três pessoas diferentes
> – *desconexão*[75]

Pois bem, uma das coisas mais importantes de um bom processo analítico é, sem dúvidas, a conquista e a percepção do nosso corpo, ou melhor, a integração psique-soma, formando, assim, uma unidade psicossomática. Essa união não é apenas teórica, mas se manifesta na prática clínica através do desenvolvimento de uma *consciência corporal* profunda. O reconhecimento e a aceitação do corpo, com todas as suas sensações, emoções e impulsos, são fundamentais para o

---

75. KAUR, Rupi. *Meu corpo minha casa*. São Paulo: Planeta, 2020, p. 16.

desenvolvimento de uma identidade saudável. Trata-se, no entanto, de um movimento gradual, difícil e *doloroso*.

Nesse processo, o analista "ajuda" o paciente a se conectar com as experiências corporais muitas vezes negligenciadas, reprimidas ou dissociadas. Por meio dessa conexão, o indivíduo começa a entender como suas emoções e seus pensamentos estão intrinsecamente ligados a sensações físicas, e como o corpo atua como um recipiente para todas as experiências psíquicas (em maior e menor grau).

A meu ver, as palavras de Cecília sintetizam, de forma poética, o que estou querendo argumentar aqui. Cito, a seguir, o trecho que me fez pensar nessa hipótese:

"de todas as coisas que sinto que me faltam
a que mais me machuca é o corpo

o pensamento, organizando palavrinhas conceitos
    respostas
a mente, essa tirana, com seus mapas estelares de
    causas consequências etc.
a fala, a voz levitando novidades encontradas nas
    memórias fotografias cicatrizes

mas o corpo...

o corpo desaprendeu, acho.
o corpo quebrou em algum lugar
quebrou num lugar sem palavra"

Para enriquecer a compreensão dos leitores acerca das múltiplas interpretações desses versos, considero essencial adentrarmos no universo dos conceitos fundamentais da psicanálise, com um olhar particularmente atento aos elementos que se entrelaçam com a temática do corpo. Peço desculpas, de antemão, pelos excessos teóricos, mas prometo que serei o mais didático possível.

Primeiro, olhemos para a queixa do corpo, essa presença tangível, mas marcada pela ausência, pelo vazio. O corpo fala, em sua linguagem muda, de uma dor que não é só física, mas *existencial*. Esse corpo que "desaprendeu", que "quebrou", remete a um estado de *desconexão* – assim como o poema de Rupi Kaur. Podemos pensar, inclusive, em uma espécie de *alienação* do ser em relação a si mesmo.

A "voz levitando", por sua vez, surge como um "fio de esperança", um meio de conexão, flutuando entre as memórias e as cicatrizes. Há, todavia, uma sensação de que mesmo a voz se vê limitada, confinada às fronteiras do já conhecido, do já vivido. Essa limitação não diminui o seu valor; ao contrário, ela ressalta a importância do *não dito*, do silêncio que fala volumes. Na voz, há ecos de histórias não contadas e emoções não expressas, que se perdem nas sombras do inexplorado.

A voz, nesse contexto, atua como um veículo de expressão, mas também como um espelho das restrições impostas pela experiência e pela história pessoal. Ela carrega a melodia do passado e a possibilidade de uma nova *composição*, uma nova *narrativa*. Contudo, para que essa nova história seja escrita, é necessário que se faça uma imersão no desconhecido, nos afastando das margens seguras do *familiar*.

É aqui que a psicanálise entra, oferecendo ferramentas para explorar esses territórios inexplorados da experiência que se costura ao corpo. Através do diálogo, a voz ganha novos matizes, revelando nuances escondidas no âmago do ser. A psicanálise permite que a voz se liberte das amarras do passado, abrindo caminho para uma expressão mais autêntica e pessoal, ou seja, *verdadeiramente* implicada.

Mas e o corpo? Onde ele entra nisso? – Vocês devem estar se perguntando, creio eu.

O corpo se apresenta como o epicentro desse drama, o núcleo de uma crise. "Quebrou num lugar sem palavra", Cecília nos alerta que o corpo sinaliza para um espaço de experiência que ultrapassa o campo verbal. É a dimensão do sentimento *puro*, da vivência não articulada, de algo que está além da matéria.

Ao propor uma espécie de retorno a Freud, Lacan descreve uma nova tópica do psiquismo, designada pela trilogia do Imaginário, Simbólico e Real. Seguindo a trilha do corpo, um caminho sinuoso e cheio de ramificações, Lacan, mesmo não falando direto sobre a corporeidade, deixou rastros e sinais sobre essa questão. Nesse sentido, o corpo se mostra sob três luzes diferentes: no Imaginário, ele se apresenta como imagem refletida no espelho; no Simbólico, é como um tronco marcado pelos signos da fala; e, no Real, ele se torna lugar de gozo, um gozo que não é só carne, mas é como o vento que sopra e não se vê.

Sei que, quando eu falo de Lacan, todo mundo "treme nas bases", pois a sua obra é extremamente complexa – até demais, eu diria! Mas calma, vamos dar uma chance para esse querido intelectual francês...

Bom, pensar o corpo pelo Imaginário lacaniano é ver como a imagem que o espelho mostra marca o sujeito por dentro, como uma tatuagem na alma – conforme demonstrei anteriormente, quando discuti a noção de "estádio do espelho". Seguindo pelo Simbólico, podemos ver o corpo como um livro escrito em uma linguagem secreta, em que cada parte conta uma história diferente, história essa que começou lá em 1953, quando Lacan falou da fala e da linguagem.[76]

E o corpo pelo Real? Pois bem, esse é o gozo, não como um simples viver, mas como uma energia que *corre solta*, fazendo do corpo uma caixa de ressonâncias. Lacan, em sua empreitada investigativa, trouxe de volta as ideias de Freud sobre o Eu, o narcisismo e os processos de identificação. Ele propôs um "laço" entre o Eu e o corpo, mostrando como um se reflete no outro, como no "estádio do espelho" – em que a imagem que vemos nos *molda*, nos faz ser quem somos.

Esse "estádio do espelho", que Lacan marca entre os 6 e os 18 meses de idade, é quando a criança começa a entender o seu corpo como um todo, por meio do reflexo de seu semelhante. Trata-se de um marco existencial,

---

76. LACAN, Jacques. Função e campo da fala e da linguagem em psicanálise. In: _____. *Escritos*. Rio de Janeiro: Zahar, 1998. (Trabalho original publicado em 1953)

quando a criança vê a sua imagem e começa a compreender o sentido de seu lugar no mundo.

Lacan, em um seminário de 1975, destaca que o infante, antes mesmo de poder andar ou falar direito, já entende seu corpo como um todo (como uma unidade):

> [...] o processo da sua maturação fisiológica permite ao sujeito, num dado momento de sua história, integrar efetivamente suas funções motoras, e aceder a um domínio real do seu corpo. Só que é antes desse momento, embora de maneira correlativa, que o sujeito toma consciência do seu corpo como totalidade. É sobre isso que insisto na minha teoria do estádio do espelho – a só vista da forma total do corpo humano dá ao sujeito um domínio imaginário de seu corpo, prematuro em relação ao domínio real.[77]

Citação difícil, eu sei..., mas vou tentar explicar.

Vejam: o estádio do espelho revela como a criança diferencia o seu próprio corpo do mundo ao seu redor. É nesse momento que o sujeito começa a entender o que é e o que não é parte de si. Por meio desse "espelho" a criança vê, pela primeira vez, que ela é alguém, diferente de si mesma. Eis aí um paradoxo interessante: Lacan nos leva a entender que essa é a aventura primeira do ser humano, a saber, o encontro consigo mesmo como outro. Em suma, é pela *identificação* que o indivíduo começa a construir o seu Eu. É no espelho que ele vê a imagem total do seu corpo e começa a desenhar o primeiro esboço de uma identidade – ainda que incipiente.

---

77. LACAN, Jacques. *O Seminário, Livro 1: Os escritos técnicos de Freud*. Rio de Janeiro: Zahar, 1986, p. 96. (Texto original publicado em 1975)

Porém, não podemos nos esquecer de que essa dimensão do Imaginário é também o reino do engano. Nesse território sempre há algo de *fictício*, uma projeção imaginária que transforma o outro. O estádio do espelho, portanto, nos revela a ambiguidade dessa tensão, que está presente na formação do Eu e nas relações intersubjetivas. Lacan nos adverte que todo equilíbrio com o outro é sempre instável. Tal premissa é muito bem destacada por Cecília, na continuação deste mesmo poema:

"sinto meu corpo quebrado
incapaz de um abraço seu
tenso reticente violentado
apavorado"

Clarice Lispector, por sua vez, mais lacaniana do que poderíamos pressupor, escreve em *Perto do coração selvagem*: "E foi tão corpo que foi puro espírito. [...] Procurou-se muito no espelho, amando-se sem vaidade".[78]

Grosso modo, com a teoria do estádio do espelho, Lacan mostra como a psique *antecipa* o corpo. É como se, antes de poder andar, a criança já soubesse o caminho. Dito de outro modo, podemos referir que há uma *antecipação* das funções psicológicas em relação às biológicas como fonte de integração da unidade corporal.

Nessa trilha onde se entrelaçam as tramas do pensamento e da existência, é possível afirmar que a perspectiva lacaniana compreende o Eu não apenas como uma

---

78. LISPECTOR, Clarice. *Perto do coração selvagem*. Rio de Janeiro: Rocco, 2021, p. 94.

estrutura de carne e osso, mas como algo *além* do biológico. Lacan, assim como Freud, descreve um corpo que não se limita ao orgânico, trazendo à luz o chamado "corpo erógeno" (Eros).

Cabe destacar que Freud, em 1914,[79] havia apontado a transformação do autoerotismo em narcisismo, sugerindo a necessidade de uma "nova ação psíquica" para que o ego se desenvolva. Para Lacan, essa ação é justamente a antecipação imaginária de um corpo unificado, ou seja, uma *identificação primordial* com a imagem.

Seguindo essa vereda aberta por Freud, Lacan entrelaça os conceitos de Eu e corpo, vendo o corpo, em sua vertente imaginária, como a matriz fundante do sujeito. Ele sublinha a importância da imagem na causalidade psíquica e na transição para o narcisismo. Contudo, à medida que expande as suas pesquisas, Lacan vai além do estádio do espelho, explorando também as dimensões do Simbólico e do Real.

Resumidamente, Lacan revela que o Eu (corporal) se encontra em constante luta, reconhecendo algo em si mesmo que, no entanto, se recusa a aceitar, especialmente no que tange ao desejo. Essa perspectiva imaginária, tão bem descrita na teoria lacaniana, denuncia que a noção de um Eu racional, isto é, um ego que se acredita "senhor" de suas vontades e consciência, é mera ilusão. O Eu como unidade, essa ideia de um indivíduo harmonioso e completo, é desafiada, pois o Eu, em sua

---

79. FREUD, Sigmund. Introdução ao narcisismo. In: _____. *Obras completas*, *v. 17*. São Paulo: Companhia das Letras, 2010. (Obra original publicada em 1914)

essência subjetiva, é marcado pela *divisão* – por uma diversidade que se afasta do conceito psicológico tradicional de individualidade. Lacan critica essa visão de seres humanos perfeitamente adaptados, proposta pela psicologia clássica.

É no campo do Outro que a criança aprende a se reconhecer, a entender que seu desejo, assim como seu corpo, inicialmente não lhe pertence, mas está projetado e alienado no Outro. A alienação no Imaginário, portanto, encontra a sua resolução no Simbólico, que marca o advento do sujeito como entidade de seu próprio desejo, antes dominado por uma espécie de "desejo terceirizado".

O psicanalista argentino J.-D. Nasio (1993)[80] reforça essa visão de Lacan, destacando que o corpo interessante para a psicanálise não é o corpo de carne e osso, mas o corpo como um *conjunto de significantes*. O corpo falante é aquele que *transmite significados*, seja através de um rosto expressivo, seja através de palavras que revelam mais do que se pretende.

Por fim, podemos dizer que a teoria lacaniana do corpo nos leva a dois parâmetros fundamentais para compreendermos a unidade corporal: a fala e o sexo. Afastando-se da medicina – que compreende o corpo como um organismo –, a psicanálise se interessa pelo corpo falante e sexual. Isto é, diferentemente do cirurgião, que se coloca diante do corpo de seu paciente e o trata como um apanhado de funções fisiológicas, "sem

---

80. NASIO, J.-D. *Cinco lições sobre a teoria de Jacques Lacan*. Rio de Janeiro: Zahar, 1993.

se preocupar em saber se ele fala ou goza, o psicanalista, por sua vez, deverá constantemente referir-se, direta ou indiretamente, aos parâmetros que são a fala e o sexo, e, assim, conceber dois estatutos do corpo: o corpo falante e o corpo sexual".[81]

No amplo universo da teoria lacaniana, o corpo ocupa o lugar de uma entidade complexa e multifacetada, em que as dimensões do Simbólico, do Imaginário e do Real[82] se entrelaçam, influenciando profundamente a nossa percepção pessoal e o nosso desejo. Essa ampliação do lugar atribuído ao corpo é crucial para repensarmos a problemática da dimensão corporal na clínica psicanalítica e as raízes do sofrimento psíquico. Lacan, seguindo os passos de Freud, questiona o homem racional ocidental, destacando o desconhecimento e a alienação como aspectos fundamentais da subjetividade.

Na prática analítica, a fala e a linguagem são fundamentais, e o analista intervém no corpo e no sintoma recorrendo ao dispositivo potente da *palavra*, afetando, assim, o inconsciente e a história do sujeito. Desse modo, o tratamento psicanalítico atua na *intersecção* que há entre o corpo e a fala, destacando a sua eficácia e a sua singularidade. Para nós, o inconsciente e a linguagem são elementos constituintes fundamentais, e qualquer abordagem que negligencie esses aspectos oferece uma compreensão parcial do ser humano.

---

81. Ibidem, p. 148.
82. Lembrando que o Real, no contexto lacaniano, não tem nada a ver com a ideia de realidade. O Real, para Lacan, é aquilo que resiste à simbolização. É a dimensão da experiência que não é completamente absorvida pela linguagem ou pela imagem.

Portanto, na psicanálise, corpo e palavra são *indissociáveis*, refletindo a intrincada natureza do devir humano. Cecília segue ao encontro dessas ideias e descreve as conquistas do seu processo analítico de forma sutil e visceral. Cito-a:

> "Puxo a vida pelos pedacinhos que me aparecem
>
> Pontas de fio infinito de me enrolar
> às vezes forca, às vezes casulo.
> O fio de vida que escapa
> fresta de vento
> líquido caminho beijo pontudo.
>
> Um fio que se apresenta:
>
> Puxe-me!
> eu puxo."

Antes de discutir esses versos tão delicados, gostaria de apresentar a vocês outro ponto de vista a respeito da questão somática em nossa disciplina. Retornarei, aqui, às ideias do pediatra e psicanalista inglês D. W. Winnicott. Apesar de seu olhar sobre esse tema ser completamente diferente da compreensão lacaniana, considero essencial apresentar essa perspectiva, com o objetivo de estender os alcances das nossas interpretações.

A *elaboração imaginativa das funções corporais*, um conceito-chave na psicanálise de Winnicott, se refere ao processo contínuo de formação da psique humana, enraizada nas funções corporais desde o início da vida.

Esse processo engloba fenômenos como a introjeção e a projeção, que são análogos aos processos corporais de alimentação e evacuação.

Segundo Winnicott, essa elaboração começa de forma rudimentar no bebê e se desenvolve até alcançar a complexidade dos sonhos e fantasias. Assim, o sonho se torna uma forma de expressar o estágio de desenvolvimento e a maneira característica de um indivíduo se relacionar com o mundo – e não somente a realização imaginária de um desejo. Winnicott, portanto, aborda a interpretação dos sonhos como uma forma de elaboração imaginativa da função sexual, integrando, mas não se limitando, às teorias de Freud. Ele argumenta que a psique humana se desenvolve através de experiências eróticas e não eróticas, ampliando o escopo interpretativo dos sonhos para além da sexualidade.

Finalmente, o sonho serve como um indicador crucial no processo analítico, guiando o tratamento. A habilidade do analista de interpretar corretamente os sonhos, as falas e os gestos, baseando-se nas pistas fornecidas *pelo paciente*, é fundamental para o sucesso da análise. Uma interpretação inadequada pode ter um efeito traumático, indicando a necessidade de uma abordagem cuidadosa e respeitosa do material onírico.

Voltemos aos versos de Cecília. Eles evidenciam um esforço de sua parte para compreender e reunir os fragmentos de sua própria existência. Essa ação de *puxar*, de atrair para si pedaços dispersos, nos remete à busca incessante do ser por integridade e sentido. Em psicanálise, podemos pensar, talvez, no empenho do indivíduo para integrar aspectos diversos de sua personalidade, unindo-os em um todo coeso, sem recusar, entretanto, a potência subversiva daquilo que lhe escapa. Esse trecho pode facilmente nos remeter aos conceitos winnicottianos.

No artigo *A mente e sua relação com o psicossoma* (1949),[83] Winnicott explora a complexa interação entre a mente (psique) e o corpo (soma) no desenvolvimento humano. Inspirado por uma observação de Ernest Jones, que questionava a existência autônoma da mente, Winnicott argumenta contra a separação rígida entre psique e soma. Ele recomenda que o termo "psique" refira-se à elaboração psíquica de experiências corporais – partes, sentimentos e funções do corpo. Durante o desenvolvimento inicial, psique e soma estão intrinsecamente interligados, cada um influenciando e moldando o outro. Esse processo de inter-relação é crucial para a formação da identidade individual.

Em um estágio mais avançado, o corpo, percebido com limites definidos, ajuda a formar o que Winnicott chama de núcleo do self imaginativo. Esse conceito se relaciona com a ideia de *estar dentro do próprio corpo*, um sentimento que é tanto integrador quanto crucial para o desenvolvimento da personalidade. Conforme explicado no seu ensaio *Desenvolvimento emocional primitivo* (1945),[84] a localização do self no corpo e a experiência

---

[83]. WINNICOTT, Donald W. A mente e sua relação com o psicossoma. In: _____. *Da pediatria à psicanálise*. São Paulo: Ubu, 2021. (Obra original publicada em 1949)

[84]. WINNICOTT, Donald W. Desenvolvimento emocional primitivo. In: _____. *Da pediatria à psicanálise*. São Paulo: Ubu, 2021. (Obra original publicada em 1945)

de cuidado corporal contribuem para a "personalização satisfatória".

A saúde no início do desenvolvimento é vista como uma "continuidade de ser" – um conceito-chave na obra de Winnicott que descreve uma experiência fundamental de existência. A continuidade de ser é mantida se não houver interrupções significativas em seu desenvolvimento – o que sublinha a importância de um ambiente propício, especialmente nos primeiros estágios da vida. Um ambiente "suficientemente bom"[85] é aquele que se adapta *ativamente* às necessidades do psique-soma recém-formado, ou seja, do bebê – ou de um paciente adulto gravemente regredido.

Por outro lado, um ambiente falho ou intrusivo, que não consegue se adaptar às necessidades da criança, é visto como prejudicial. Tal falha pode interromper a continuidade de ser e causar perturbações no desenvolvimento. Portanto, o trecho *"Puxo a vida pelos pedacinhos que me aparecem"* pode ser entendido como o processo de integrar as experiências da vida, tanto as psíquicas quanto as somáticas, em um todo coeso. Esses "pedacinhos" nos rementem aos fragmentos de memórias, sensações e emoções que, quando reunidos, formam a identidade do indivíduo.

Diante disso, é possível pressupor que as frases *"Pontas de fio infinito de me enrolar/ às vezes forca, às vezes casulo"* evocam a *dualidade* da experiência humana. O fio,

---

85. Notem que Winnicott não se refere ao ambiente e aos cuidados iniciais como algo que deve ser "perfeito". Ele escolhe cuidadosamente a expressão "suficientemente bom", isto é, a presença de um ambiente minimamente adaptado às necessidade do bebê, garantindo-lhe a continuidade de ser.

símbolo de conexão e continuidade, transforma-se ora em forca, metaforizando as amarras, as restrições autoimpostas ou as pressões externas que sufocam; ora em casulo, representando proteção, crescimento e transformação. A vida, assim, oscila entre a liberdade para poder ser e a reclusão necessária diante das intrusões externas.

Ao mesmo tempo, os versos *"O fio de vida que escapa/ fresta de vento/ líquido caminho beijo pontudo"* ilustram a efemeridade e a imprevisibilidade do devir humano. Como um fio que escapa, a nossa existência flui, inconstante e indomável, através de caminhos inesperados. A passagem *"Um fio que se apresenta:/ Puxe-me!/ eu puxo"* pode ser vista como um convite ao engajamento ativo com a vida. Assim como Winnicott considera a importância de um ambiente que se adapte ativamente às necessidades do "psique-soma", esse segmento do poema pode ser interpretado como um chamado à ação e ao envolvimento ativo no próprio desenvolvimento pessoal – o gesto espontâneo.

"Navegar é preciso, viver não é preciso", escreveu Fernando Pessoa.

Esse movimento, um tanto quanto corajoso, é precisamente delineado em outros versos de Cecília:

"Escorre meu desejo renasce morde como bicho esse
　animal morto quase tanto tempo aqui
dentro
Esse bicho solto grunhido arranha forte de dentro
　do estômago arranha sangra arranha víscera
esse desejo que escorre antes morto agora seiva
　esse desejo órgão que pulsa"

Nas linhas iniciais dessa poesia, notamos uma espécie de imagem visceral, quase pungente. O desejo, outrora adormecido, agora renasce com a força de um animal selvagem, uma força primária que morde e rasga as camadas do ser. Em termos psicanalíticos, isso pode simbolizar o ressurgimento de impulsos reprimidos, emoções e anseios que, embora suprimidos, permanecem vivos, pulsando nas profundezas do inconsciente e, agora, "anexados" ao corpo, como resultado do fenômeno da "elaboração imaginativa".

Em outro fragmento do seu poema, a minha analisanda confessa: *"esse desejo que escorre antes morto agora seiva esse desejo órgão que pulsa"*. Ora, o desejo, antes inerte, agora se transforma em seiva, em vida, num *órgão pulsante*. Há uma transmutação do que era estático em um impulso dinâmico, vital. Psicanaliticamente, isso alude a uma integração dos aspectos reprimidos do Eu, uma aceitação (e uma canalização) dos impulsos internos de forma construtiva e vivificante. A psicanálise não rompe os moldes que são introjetados em nosso psiquismo, não dissolve as experiências traumáticas, mas atribui sentido à fala. Ela torna a nossa rigidez inconsciente *flexível*. Conforme discuti em outros capítulos, o tratamento psicanalítico "transforma a prisão domiciliar da fantasia em um domicílio do desejo, no qual passa a vigorar o regime prisional semiaberto: agora, embora não abandone sua fantasia fundamental, o sujeito não é mais dominado por ela".[86]

---

86. JORGE, Marco A. Coutinho. *Fundamentos da psicanálise de Freud a Lacan, v. 3*. Rio de Janeiro: Zahar, 2022, p. 326.

Por fim, Cecília consente: "Mais do que ser/ Quero acontecer". Aqui, ela expressa um desejo que vai além da simples existência; é o anseio de se manifestar plenamente, de impactar e ser parte integral do tecido da vida. Essa aspiração pode ser encarada como a busca pelo desenvolvimento do próprio potencial, pela realização do self, que é a verdadeira essência do indivíduo. Para tanto, um Eu precisa ter sido formado anteriormente. Um paciente em fragmentos dificilmente terá essa capacidade de discernimento. É justamente nesse entrave que reside a importância essencial de se "mesclar", na psicanálise, a ética do cuidado (Winnicott) com a ética do desejo (Lacan).

"*Que, por ação continuada,/ Teça corpo e sonho/ Teça vida e nada*", o poema conclui com a ideia de que, nesse tecer incessante, o Eu se fortalece, emergindo não mais despedaçado, mas como uma entidade coesa, capaz de se equilibrar nas correntezas da vida, carregando sabedoria e uma suave confiança – transitória, porém verdadeira.

Finalizo, assim, com as palavras da grande Lygia Fagundes Telles:

A beleza não está nem na luz da manhã nem na sombra da noite, está no crepúsculo, nesse meio-tom, nessa incerteza.[87]

---

[87]. TELLES, Lygia Fagundes. *Os contos*. São Paulo: Companhia das Letras, 2020. *E-book*.

[epifania!]

jogamos o amor
como se tivéssemos as cartas as peças as regras,
    mas
(espanto!)
não temos nem os jogadores

delírio saber quem sou
nos melhores dias, sinto-me levemente imortal
nos dias sublimes, sinto-me corajosamente finita
mesmo assim, deliro
delirante, contorno a mim e o traço não difere
    daquele que arrisquei no maternal 2 e entreguei
    para mamãe com tinta verde e no papel cortado
    com tesoura de picotar

deliro saber quem é você
e adivinhar o que quer de mim

entrego o amor porque ao entregá-lo faço uma
    jogada
mesmo que não seja real, é nela que me movimento
eu perco ou ganho, tanto faz

mas, quando ganho,
aí a palavra delirante
ganha outro giro
na pirueta da palavra

nós dois
encontramos um refúgio breve
na grande sorte

Algumas palavras finais:
sobre o fim de uma análise

Neste último capítulo, teço algumas considerações teóricas a respeito do que seria o provável *fim* de uma análise. Os leitores vão perceber que os meus argumentos foram traçados da maneira que me vieram à mente, como uma espécie de "associação livre". Após essa discussão, busco, igualmente, amarrar tais ideias ao poema final de Cecília, com o intuito de nomear os alcances conquistados (ou não) pela minha querida paciente. Longe de propor a descrição detalhada de um relatório de metas alcanças – o que seria totalmente incoerente à ética psicanalítica –, gostaria apenas de provocar indagações derivadas dessa jornada que atravessamos juntos (Cecília, vocês e eu).

*

Contardo Calligaris, um psicanalista brilhante, destacou em seu livro *O sentido da vida*:

> Hedonista se tornou por si só uma crítica moral. Como se fosse possível um humano não preferir o prazer ao desprazer. Como se preferir o prazer fosse uma falha moral. É uma curiosa e pesada herança cristã na nossa cultura: o sofrimento

> e a privação ganham pontos altos aos olhos de Deus e presumivelmente facilitam nosso acesso ao reino dos céus. O prazer, ao contrário, seria sem mérito, a escolha pelo mais fácil.
> A realidade é exatamente o contrário disso. O sofrimento e o desprazer (sobretudo quando autoinfligidos) são quase sempre escolhas bovinas (que os bois me perdoem), inertes e resignadamente ignorantes. Enquanto o hedonismo, a procura do prazer, pede um esforço contínuo de atenção ao mundo e um aprendizado sem fim.[88]

Calligaris argumenta que a preferência pelo prazer sobre o desprazer não deve ser vista como uma falha moral, mas como uma tendência natural humana. Essa perspectiva desafia a valorização tradicional do sofrimento e da privação, frequentemente encarados como virtuosos ou redentores, especialmente sob influências cristãs. Ele afirma que, em muitos casos, o sofrimento e o desprazer, principalmente quando autoinfligidos, representam uma escolha passiva e resignada, desprovida de uma exploração ativa e *consciente* da vida.

Por outro lado, o hedonismo, ou a busca pelo prazer, é descrito por Calligaris como um *processo ativo* que requer constante atenção ao mundo e um aprendizado contínuo. Esse ponto de vista sobre a nossa dimensão existencial pode ser alinhado com a ideia de um desenvolvimento pessoal implicado *em primeira pessoa*. Em vez de se resignar à dor ou à privação, buscar o prazer pode ser um caminho para uma vida mais rica de *experiências*. E não, não estou fazendo nenhuma apologia à

---

88. CALLIGARIS, Contardo. *O sentido da vida*. São Paulo: Paidós, 2023, p. 112.

individualidade e ao egoísmo – isto é, o viver *sem* a consideração pelo outro.

Quero dizer, todavia, que essas constatações nos levam a considerar como a psicanálise aborda a questão do prazer; em vez de desencorajar a busca legítima do nosso desejo, a terapia psicanalítica pode "ajudar" os indivíduos a compreender e a integrar as suas experiências prazerosas de maneiras saudáveis e equilibradas.

Além disso, podemos refletir sobre como a cultura e a sociedade influenciam nossa relação com a fruição e o sofrimento. O reconhecimento e a reavaliação dessas influências são passos importantes no trajeto de cada sujeito para encontrar um equilíbrio saudável e pessoal em sua vida emocional (e física).

*

No clássico texto *Análise terminável e interminável*,[89] publicado dois anos antes do seu falecimento, Freud aborda a questão de *quando* e *como* terminar um processo psicanalítico. Com uma elegância incomparável na escrita, ele reconhece que a hipótese de uma análise *infinita* é problemática, pois pode levar a uma forte dependência do analisando em relação ao analista. Não obstante, ele argumenta que a ideia de uma análise *finita*, que termina quando se atinge certo objetivo, pode ser uma questão igualmente espinhosa, pois pressupõe que seja possível resolver *completamente* todos os problemas psíquicos de uma pessoa.

---

89. FREUD, Sigmund. Análise terminável e interminável. In: _____. *Obras completas de Sigmund Freud, v. 19*. São Paulo: Companhia das Letras, 2018. (Trabalho original publicado em 1937)

Nesse mesmo artigo, Freud salienta que, embora a psicanálise possa oferecer um alívio considerável para muitos pacientes, promovendo uma compreensão mais profunda dos seus próprios processos psicológicos, existe sempre uma *resistência residual* que pode nunca ser completamente superada. Assim, mesmo que a análise facilite um grau significativo de *insight* e catarse, a cura total permanece uma miragem distante.

Em suma, Freud não oferece promessas vazias de cura completa, nem declara a psicanálise como uma panaceia para todos os males psicológicos. Em vez disso, ele reconhece as limitações de sua ciência, afirmando que, embora o tratamento psicanalítico possa ajudar a aliviar o sofrimento psicológico, o trabalho do analista e do analisando é, em última instância, *interminável*.

No entanto, é importante ressaltar que o valor da análise não é diminuído por essa aparente ausência de "fim". Ao contrário, Freud afirma que a trajetória de imersão pessoal, possibilitada pela psicanálise, tem um valor intrínseco que vai além da *cura*. Um processo analítico relaciona-se menos a uma tentativa de "consertar" o indivíduo – como ocorre em diversas abordagens da psicologia que caminham em consonância com o estilo de vida neoliberal –, e mais a um processo de *permitir que o indivíduo se compreenda*, seguindo a direção de sua própria espontaneidade.

*

Em uma carta a Jung, de 6 de dezembro de 1906, Freud escreveu: "Poder-se-ia dizer que a cura [psicanalítica] é essencialmente efetuada pelo *amor*. E a transferência, na realidade, proporciona a prova mais convincente – a única de fato irrefutável – de que as neuroses são determinadas pela história de amor do indivíduo" (McGuire, 1976, p. 53).[90] Alguns anos antes, mais precisamente em 1904, no ensaio *O método psicanalítico de Freud*, o mestre de Viena havia afirmado: "[...] assim também jamais teremos como objetivo do tratamento outra coisa que a não recuperação prática do paciente, o restabelecimento de sua capacidade de *realização* e *fruição*".[91]

Cabe destacar, porém, que durante um bom tempo essa tradução circulou no Brasil de forma bastante errada, pois houve a substituição das palavras "realização e fruição" pelos termos "trabalhar e amar". Tal alteração dos significantes gera uma enorme diferença no que tange à verdadeira intenção do pensamento freudiano. *Grosso modo*, antes das edições traduzidas diretamente do alemão, acreditava-se que o objetivo de uma análise era o de possibilitar ao sujeito neurótico o restabelecimento de sua capacidade de *trabalhar* e *amar*. Nada mais neoliberal, não é mesmo?

De modo oposto, quando falamos de "realização", estamos nos referindo a algo muito mais abrangente, que não se limita apenas à esfera profissional. O mesmo pode ser pensado sobre o vocábulo "amar" – que, devido às influências da nossa cultura, costumamos acreditar que alguém só pode ser feliz (e realizado) caso tenha

---

90. MCGUIRE, William (Org.). *Freud-Jung: correspondência completa*. Rio de Janeiro: Imago, 1976.
91. FREUD, Sigmund. O método psicanalítico de Freud. In: _____. *Obras completas de Sigmund Freud, v. 6*. São Paulo: Companhia das Letras, 2016, p. 328, grifos meus. (Trabalho original publicado em 1904)

algum parceiro(a)(e) amoroso(a)(e). Sob essas condições, a gente passa, então, grande parte da nossa vida procurando a suposta "metade da laranja", enquanto negligenciamos a significativa possibilidade de encontrarmos a felicidade em *nós mesmos*.

Uma análise, como mencionei, não tem o desígnio de tornar ninguém *funcional*, tampouco o de ensinar o sujeito a amar. Longe disso, um bom processo analítico tem o escopo de possibilitar o surgimento da *realização*. Ou seja, em tempos nos quais as pessoas se questionam de um vazio existencial, de uma vida automática, tomada pelo tédio e pela apatia, a psicanálise remaria na contramão dessa corrente, ao permitir que o analisando possa efetuar um mergulho em si mesmo – na busca de seu próprio desejo, encontrando ou não as condições viáveis para bancá-lo. Além disso, quando falamos de *fruição*, falamos de uma existência enriquecida pelo valor da experiência. Essa concepção se opõe à ideia de uma vivência automática, na qual não se dispõe de tempo para valorizar os pequenos detalhes da vida. Em síntese, uma boa psicanálise pode tornar a nossa passagem por este mundo um percurso muito mais interessante a ser atravessado.

Aqui, é impossível não recorrer às preciosidades da literatura. Recentemente, terminei a leitura do novo livro, traduzido para o português, de Annie Ernaux, chamado *A escrita como faca e outros textos*. Um fragmento, entre vários, despertou a minha atenção. Compartilho-o a seguir:

> Esse comprometimento com a escrita, que oferece a mim mesma como garantia, se sustenta na crença, tornada certeza, de que um livro pode contribuir para mudar a vida de uma pessoa, para romper a solidão das coisas sofridas e enterradas, para pensar em si mesmo de um jeito diferente. Quando o indizível vem à luz, ele é político.[92]

Refletindo sobre as palavras de Ernaux, percebo o poder transformador da escrita e da literatura, algo que, de certa forma, se assemelha ao processo psicanalítico. Assim como um livro pode alterar a visão de mundo de um leitor, a psicanálise tem o potencial de transformar o indivíduo, oferecendo uma nova perspectiva sobre a vida.

Esse processo de transformação, tanto na escrita quanto na análise, envolve trazer à tona o que está oculto, dar voz ao que foi silenciado. Preciso admitir que, na minha própria trajetória, como leitor ávido ou como alguém que passou (e ainda passa) pela psicanálise – como analisando e praticante –, sempre me surpreendi com a capacidade de mudança que emerge do encontro com nós mesmos. A escrita de Ernaux, com sua habilidade de tocar em assuntos íntimos e universais, ressoa fortemente em mim. Ela me lembra de que há um poder indizível nas palavras, seja na página de um livro, seja no espaço confidencial de uma sessão de análise.

Retornando às ideias de Freud e à influência equivocada das primeiras traduções, vejo o quão fundamental é entender a nossa ciência como um caminho para

---

92. ERNAUX, Annie. *A escrita como faca e outros textos.* São Paulo: Fósforo, 2023, n.p. (ePub).

a realização pessoal, e não apenas como um meio para atingir a funcionalidade social ou as habilidades interpessoais. Em um mundo em que os estados de desvitalização e a apatia se tornam cada vez mais comuns, a psicanálise representa um oásis, um lugar onde podemos redescobrir a paixão pela vida e por nós mesmos.

Portanto, assim como a literatura de Ernaux, que ilumina o inefável e toca nas feridas da humanidade, a descoberta freudiana é um convite para explorarmos a nossa própria intimidade e, a partir disso, podermos viver uma vida não apenas passada, mas profundamente *sentida* e genuinamente *vivida*.

*

Em um dos seus texto mais potentes, intitulado *O conceito de indivíduo saudável*, Winnicott escreveu:

> A vida de um indivíduo saudável é caracterizada tanto por medos, sentimentos conflituosos, dúvidas e frustrações como por características positivas. O principal é que o homem ou a mulher sintam que *estão vivendo a própria vida*, assumindo a responsabilidade pela ação ou inatividade, e sejam capazes de assumir o crédito pelo sucesso e a culpa pelas falhas. Em outras palavras, pode-se dizer que o indivíduo passou da dependência para a independência, ou para a autonomia.[93]

Podemos presumir que, em um processo analítico, o objetivo é alcançar um ponto de "conclusão" – ainda

---

[93]. WINNICOTT, Donald W. O conceito de indivíduo saudável. In: _____. *Tudo começa em casa*. São Paulo: Ubu, 2021, p. 29, grifos originais. (Trabalho original publicado em 1967)

que, no fim, não tenhamos nenhum tipo de certeza. Para o paciente, isso significa achar um espaço no mundo em que possa viver de forma *autêntica*, sentindo que a vida é legitimamente *sua* e possível de ser plenamente *experienciada*. Por outro lado, para o analista, a sua função é a de ter *facilitado* o crescimento emocional do paciente, conduzindo-o a uma autonomia parcial. Essa conquista não só atende a uma necessidade afetiva importante na vida do analista, mas também o prepara para iniciar novas histórias com outros indivíduos.

Não se trata de ajustar ou modelar o analisando a um tipo ideal, dado que o horizonte para o qual procuramos nos dirigir não constitui uma moral, mas sim uma *ética*, apontando para princípios gerais relativos aos modos de *ser e estar no mundo*. A intenção, portanto, não é a de impor uma normalidade, mas ajudar o sujeito a desenvolver uma organização psíquica que lhe permita se sentir livre tanto de pressões internas quanto externas, ligadas às suas interações sociais.

O estado ideal almejado é um de *dinamismo*, no qual o paciente pode se adaptar flexivelmente à realidade (objetiva e subjetiva), mudando as suas estratégias defensivas contra as angústias que emergem naturalmente. Em contraste com as defesas rígidas características da enfermidade, a saúde se caracteriza por uma *flexibilidade* psíquica. Na saúde, existe uma tendência natural de resistir à realidade imposta, visto que o indivíduo sente a necessidade de criar e de atribuir algum sentido ao seu mundo. Paralelamente, a saúde envolve uma *integração* que leva ao sentimento de *consideração* pelos outros e à valorização de certas relações. Não obstante, sentimentos como a culpa e a depressão são inevitáveis – desde que não sejam elevados a um grau de insuportabilidade.

Em outro ensaio, nomeado *A criatividade e suas origens*, Winnicott salienta:

> Mais do qualquer outra coisa, é a apreciação criativa que faz o indivíduo sentir que a vida vale a pena viver. Em contraste direto com essa forma de lidar com a realidade externa está um relacionamento de submissão que reconhece o mundo e seus detalhes, mas apenas como algo a que se deve adequar ou que exige adaptação. A submissão traz ao indivíduo um sentimento de futilidade associado à ideia de que nada importa e de que a vida não é digna de ser vivida. Cruelmente, muitos indivíduos experimentam apenas o suficiente da vida criativa para reconhecer que, na maior parte do tempo, vivem de maneira não criativa, como se estivessem presos na criatividade de outra pessoa ou de uma máquina.[94]

Dentro desse panorama ético, é essencial reconhecer que cada pessoa é única, com suas próprias características, histórias e conflitos. Compreender quem somos, o legado que carregamos e o que é viável ou inviável para nós em virtude de nossas particularidades é parte crucial do desenvolvimento emocional. Como Winnicott aponta, é necessário aceitar a nossa identidade pessoal, mantendo-nos vivos e buscando uma relação

---

94. WINNICOTT, Donald W. A criatividade e suas origens. In: _____. *O brincar e a realidade*. São Paulo: Ubu, 2021, p. 108. (Trabalho original publicado em 1971)

harmoniosa com a sociedade que seja mutuamente benéfica. Nesse sentido, qualquer relação de submissão é doentia, pois equivale ao sinônimo de trair a si próprio.

É preciso também sublinhar a relevância de se alcançar uma vida cultural enriquecida, integrando-a como um elemento que torna a nossa existência mais valiosa e interessante, mesmo em meio às adversidades. Essa riqueza, que se estende à dimensão pessoal, se traduz na capacidade de interagir e comunicar-se em diversas áreas do saber e da experiência, como a política, as artes, o esporte, entre outras.

Sem essa riqueza, um indivíduo limitado em seu próprio mundo, rígido em suas defesas e restrito em sua capacidade de ação, pode encontrar no legado cultural e na beleza do mundo um empecilho insuperável, incapaz de ser verdadeiramente apreciado.

No que se refere ao término de um processo analítico, é fundamental considerar o destino do analista e da relação transferencial. O paciente, tornando-se progressivamente menos dependente e mais autônomo, busca viver a intimidade e a comunicação experimentadas durante o tratamento em outros contextos. Com o tempo, o espaço analítico torna-se *insuficiente* para as novas necessidades. Da mesma forma, a análise e o analista seguem um caminho similar ao dos *objetos transicionais*, perdendo aos poucos o seu fascínio e a sua necessidade, sem serem lamentados ou reprimidos, mas simplesmente deixando de ocupar um lugar central na vida do paciente.

Trata-se, pois, de uma *cura pelo amor* – como bem propôs Freud. A transferência, esse fenômeno tão enigmático que envolve uma constante troca afetiva, revela-se como um espelho em que as histórias de um indivíduo se refletem, trazendo à luz as sutilezas e as complexidades de suas neuroses (e psicoses). Na verdade, não é surpreendente que o amor, em sua forma mais pura e incondicional, seja a chave para desvendar as portas ocultas do psiquismo – não todas, obviamente. Na psicanálise, o amor não é apenas um sentimento, mas uma força *transformadora* – que Freud chamou de "Eros" –, capaz de ressignificar o nosso ser mais íntimo.

Nesse processo, em que as palavras são os instrumentos e o silêncio é o espaço onde elas ressoam, o amor se manifesta de maneira inesperada. Como analista, sinto-me muitas vezes navegando por mares desconhecidos, guiado apenas pela bússola da transferência. É o *amor transferencial* que escuta, que acolhe, que compreende sem julgar. É o amor que, em última instância, favorece a cura.

Nesse ponto, penso ser importante descrever a minha compreensão de "cura" em psicanálise: eu a entendo como um processo doloroso de amadurecimento, de evolução, assim como a expressão "curar o queijo".

Explico melhor: o queijo, em sua essência mais pura, começa como algo simples – leite, que, sob a ação do tempo, cultura e cuidado, transmuta-se em algo complexo e saboroso. A cura do queijo é um processo lento, meticuloso, que exige paciência, compreensão e muita delicadeza. Cada queijo, com suas características únicas, necessita de um *ambiente específico*, um certo grau de umidade, temperatura e tempo para alcançar sua plenitude.

Na psicanálise, ocorre uma dinâmica semelhante. O paciente chega com a sua essência, muitas vezes crua e inexplorada, e através do tempo, da conversa e da reflexão começa a transformação. Tal como o queijo amadurece, o indivíduo em análise se descobre e se desenvolve. O processo de cura, em nossa prática, não é rápido, assim como não se pode apressar o amadurecimento de um queijo fino (e saboroso).

Não existe uma mesma técnica para todos, mas uma compreensão individualizada das necessidades e experiências de cada analisando. O queijeiro toca, cheira e observa o queijo durante o processo de maturação, ajustando as condições para atingir o sabor e a textura desejados. De forma análoga, o psicanalista ajusta a sua escuta conforme as reações e progressos do paciente, sempre atento aos mínimos detalhes que emergem durante as sessões. O queijo, em sua cura, desenvolve sabores e texturas que só são possíveis através do envelhecimento e do cuidado adequado. Na psicanálise, o paciente, através da cura, descobre facetas de si mesmo que talvez nunca tenha conhecido.

Portanto, uma análise fracassa quando o paciente não tem liberdade para se desenvolver ou criar; quando o analista se priva da sua capacidade de pensar e transforma-se em um entusiasta de uma doutrina, fazendo de sua prática uma mera defesa do seu dogmatismo. Em síntese, a arrogância do próprio analista impede o surgimento e a continuidade do potencial criativo do analisando.

*

Neste último poema de Cecília, encontramos a descrição de um jogo, um jogo de amor, tecido com a sutileza de quem não possui todas as cartas ou regras, envolto no espanto de descobrir que os jogadores são sombras fugidias, figuras desenhadas na névoa do não saber. Cito-a:

> "delírio saber quem sou
> nos melhores dias, sinto-me levemente imortal
> nos dias sublimes, sinto-me corajosamente finita
> mesmo assim, deliro
> delirante, contorno a mim e o traço não difere
>   daquele que arrisquei no maternal 2 e entreguei
>   para mamãe com tinta verde e no papel cortado
>   com tesoura de picotar
>
> [...]
> mas, quando ganho,
> aí a palavra delirante
> ganha outro giro
> na pirueta da palavra
> nós dois
> encontramos um refúgio breve
> na grande sorte"

Identificamos, nesses versos, o delírio (ou a pretensão) de conhecer-se, passando por um caminho tortuoso que oscila entre a imortalidade dos dias claros e a finitude corajosa dos momentos sublimes. Essas palavras falam com a voz da alma, sussurrando sobre o desabrochar do ser, naqueles momentos em que nos percebemos eternos e, paradoxalmente, intensamente mortais.

Caminhando pelo texto de Cecília, somos convidados a retornarmos à infância, ao traço infantil de um desenho entregue à mãe, com tintas verdes e recortes irregulares. Nesses termos, nos deparamos com uma metáfora que faz alusão à psicanálise, levando-nos de volta aos primeiros capítulos de nossa história – período no qual começamos a reescrever as nossas memórias, redescobrindo-as sob uma luz diferente.

O momento de vitória no poema não é apenas uma conquista no jogo do amor, mas também no processo psicanalítico. Cecília faz alusão ao *brincar*, essencial ao encontro terapêutico. Lembremos que, na perspectiva winnicottiana, quando o paciente e o analista não conseguem brincar, isso sinaliza um problema, pois essa incapacidade impede a "sobreposição das duas áreas" que caracterizam o espaço da brincadeira (a área transicional).

Com efeito, a "palavra delirante" que "ganha outro giro" sugere uma transformação no entendimento e na percepção de minha analisanda. É na conclusão do poema que se descobre um "refúgio breve", uma paz momentânea que pode ser vista como o alívio e a clareza alcançados no fim de um processo analítico bem-sucedido. É na pirueta das palavras que o Eu encontra um abrigo, um lugar de recolhimento, que surge a partir da compreensão mútua, oriundo da celebração de um encontro que transcende a fala – a cura pelo amor (mais uma vez).

Os leitores devem ter percebido, ao longo do livro, que, como psicanalista, não me atenho somente a uma teoria, como uma espécie de doutrina religiosa. Para mim, a clínica é *soberana* e o paciente é o farol que nos auxilia a enxergar as rotas em meio às brumas. É inegável que o psicanalista precisa ter um vasto repertório teórico, ampliado pela experiência de sua própria análise pessoal. Sem isso não há tratamento. Nem início, tampouco fim, pois não há sequer *entrada* em análise – de ambos os lados, vale dizer.

Costumo afirmar que o término de um processo analítico é, por si só, um momento significativo e marcante. Ele pode desencadear um turbilhão de emoções e dilemas para o analisando. Diante disso, é crucial que o analista esteja adequadamente preparado para oferecer suporte ao paciente nessa fase delicada.

Peço que cogitem, caros leitores, a conclusão de um tratamento psicanalítico como o desfecho de um livro em cuja narrativa vocês participaram ativamente. Cada sessão equivale a um capítulo. Cada revelação é uma página que se vira, um *plot twist* que desvenda um pouco mais do enredo da nossa própria existência. Trata-se de um livro escrito com memórias e sonhos, com anseios e medos, na linguagem cifrada do inconsciente, descoberta pouco a pouco no divã.

O término da análise, portanto, é a conclusão dessa obra, mas não o fim da história. É o fechamento de um ciclo de introspecção que se abre para um novo horizonte de possibilidades. É a despedida do conforto familiar da sala do analista – o local seguro de tantas confidências, tantas lágrimas derramadas e risos partilhados –, para aventurar-se no mundo com um olhar *modificado*.

O fim de um processo analítico simboliza, ainda, o reflexo de um rosto no espelho. Um rosto que brilha com a luz da *autenticidade*, com a riqueza da redescoberta do "gesto espontâneo" – como propôs Winnicott. É a reconciliação com esse rosto, com esse *ser*, que se revela no olhar de volta. É o encontro com um Eu que antes se escondia por trás de máscaras e agora ousa se mostrar, ousa *ser* – com todas as "dores e delícias de ser quem se é",[95] como cantou Caetano Veloso.

E, assim, no silêncio que segue a última despedida, no vazio que se instala após a última sessão, ressoa a batida tranquila de um novo ritmo, o *pulsar da vida* que segue, mais consciente, mais plena e mais *autêntica*. O fim de uma análise não é, de fato, um fim, mas uma *continuação* – um novo capítulo na história eterna de *vir a ser e continuar sendo*.

Portanto, minha cara paciente, apesar de não ser um poeta, arrisco-me pelos solos arenosos da escrita. Por essa razão, tomei a iniciativa ousada de escrever-lhe um poema, talvez como forma de agradecimento pela riqueza indecifrável desses encontros; talvez pela possibilidade de aprender com você; talvez como uma alternativa de elaborar o luto que sua partida deixará em mim. Ou talvez seja para justificar tudo isso junto e misturado. Peço que não repare na minha acanhada capacidade poética:

---

[95]. Trecho da canção "Dom de iludir", do álbum *Totalmente Demais*. Interpretada e composta por: Caetano Veloso. Produzida por: Mazola. Fonte: Universal Music Ltda., Warner Chappell Music.

No derradeiro encontro da psique consigo mesma,
um adeus sussurrado no divã de tantas verdades
reveladas,
o crepúsculo de um capítulo, o alvorecer de uma nova
era,
o tratamento psicanalítico chega ao fim, mas a
caminhada persiste.

É como se a tempestade se acalmasse,
depois de tantos ventos desencadeados, marés altas,
marés baixas,
e agora um mar sereno se estende à frente,
refletindo a alma que se confrontou, se descobriu (e se
libertou?)

Aquela que era um enigma para si mesma,
agora caminha com o peso de um mistério desvendado,
como um livro aberto, páginas escritas com lágrimas e
risos,
a tinta de um passado revisitado, uma história
recontada.

O espelho do analista, antes embaçado, agora reflete
claramente
o self verdadeiro que emerge da névoa da negação e do
esquecimento,
na balé da linguagem, na coreografia do silêncio,
um baile final de máscaras descartadas, de rostos
descobertos.

*E, assim, o fim não é realmente um fim,
mas um novo começo, um renascimento,
uma promessa sussurrada ao vento, de estar presente,
de habitar autenticamente a vastidão da sua/ nossa
    própria existência.*

Obrigado pela coragem de se narrar!

[Invento relógios para despertar começos]

Estou precisando inventar começos.

Reconhecer fins, portanto.

Ansiosa pelos portais, faminta das novidades, salivando por sabores inaugurais, estreias estrelam meu corpo.

Preciso, enfim, decretar o tempo.

Preciso fatiar o ciclo, definir estações, quadradinhos e calendários.

Preciso decretar um relógio, preciso afiar os ponteiros, preciso afinar o coração
tic-tac-cardia.

Cardíaca, invento um ritmo possível para fechar a roda a dança o passo a coreografia.

Os aplausos que celebram os fins são os mesmos que consagram os recomeços.

(Com amor, Cecília)

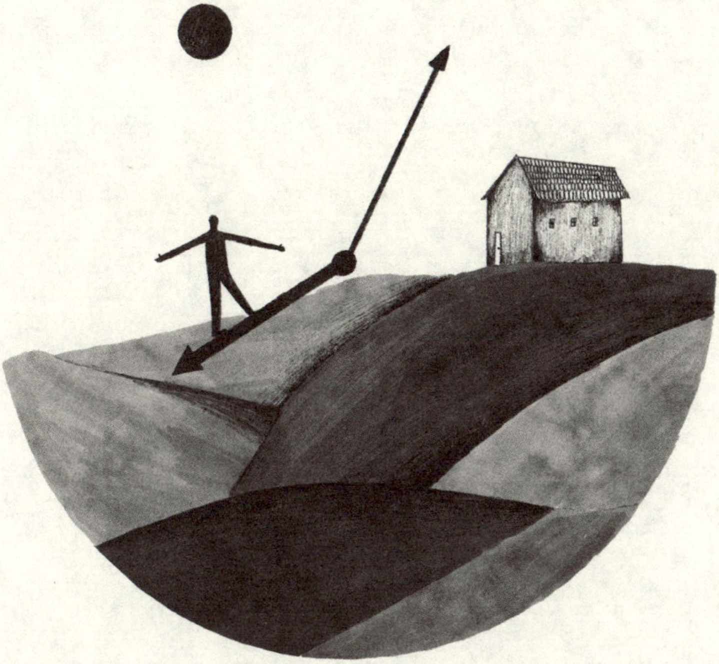

Acreditamos nos livros

Este livro foi composto em Granjon LT Std e
Ernestine Pro e impresso pela Gráfica Santa Marta
para a Editora Planeta do Brasil em abril de 2024.